中小会社の監査役監査基本モデル

重泉 良徳 著

税務経理協会

はじめに

　会社法が施行されて2年が経過した。会社法をとり巻く実務の世界ではやや落ち着きをとりもどした感があるが，その間内部統制の整備やＪ－ＳＯＸ法（日本版企業改革法）の実施等の目まぐるしい法の要請が加わり，よく見ると相変わらず実務の世界は厳しさを増している。つれて監査役の役割や実務の内容も大変になってきているのである。

　とりわけ有限会社から株式会社へ移行した場合を含めた140万社ともいわれる中小会社では，戸惑いが多く見られる。大会社のグループ企業である中小会社の監査役からも，何をどの程度行えば監査責任を果たしたことになるのか分からないとの声がきかれる。

　こうした悩みに応えるために本書を刊行することにした。中小会社の機関設計は会社法に従えば9通りあると考えられるが，その中でも圧倒的に多いのが「取締役会＋監査役」のパターンと推測されるので，この機関設計に対応した最小限度の監査実務を作表を中心に可視化するよう試みたものである。

　これだけの監査実務を行っておけば監査責任は一応は果たせたといえるであろうと考えている。その他の機関設計の場合にはこのモデルをベースに自社に合った監査の仕組みを考案していただきたい。

　他方では「中小会社・ベンチャー企業の監査役業務とＱ＆Ａ（4訂版）」拙著，税務経理協会があり，これにはすべての中小会社の機関設計別の実務と主なＱ＆Ａが記されているので，両方の書を併用されるようにおすすめしたい。

　とりわけＪ－ＳＯＸ法の施行に伴い中小会社の監査役等の監査内容に対する公認会計士の注文も多くなってくるので，本書を参考に中小会社の監査の内容を総点検されるよう願っている。また公認会計士の監査とは無関係の中小会社の場合でも大きな世の流れに沿いながら会社を発展させるためには，内部統制と監査の充実をはかることが肝要となるので，この機会をとらえて本書を活用

していただくようおすすめしたい。

　明日の日本を背負う企業は中小会社の中から出てくると信じているので、少しでもお手伝いできればと常々考えてきた。

　本書が中小会社の監査役の業務に少しでもお役に立てることができ、同時に会社がつつがなく隆盛の途を進まれることを祈念して筆をおくこととしたい。

2008年7月

著　者

≪凡　例≫

会＝会社法
　　（会75②三　→　会社法75条2項3号）
施規＝会社法施行規則
計規＝会社計算規則
商＝旧商法
民＝民法
限＝有限会社法

本書の特徴

1．監査の機関設計モデル
機関設計モデルを「取締役会＋監査役」に特定した。

2．監査調書等の「ひな型」
監査責任を果たす最小限度の「ひな型」（作表）を16用意した。

3．内容の順序
第1部を実務編とし最終結論ともいえる「ひな型」を最初に示し，第2部を基本編とした。一般的な配列とは逆にしたが最初に結論ありきとする幾何学的な発想によっている。

4．応用の即可能性
16の調書等をほぼそのまま使用できるので，あまり悩むことがない。

5．さらに深く追究
さらに深く追究するには全機関設計別に解説しＱ＆Ａ120問を用意した「中小会社・ベンチャー企業の監査業務とＱ＆Ａ」（拙著4訂版）〔税務経理協会〕を併用されたい。

目　次

はじめに
凡　例
本書の特徴

基本モデル　監査調書等の「ひな型」

監査調書等の「ひな型」 ……………………………………………………… 3
　1　基本モデルの「ひな型」 …………………………………………………… 3
　　（1）基本モデルの「ひな型」 ……………………………………………… 3
　　（2）最初に結論の提示 …………………………………………………… 3
　2　監査調書等（「ひな型」参考）作成の手順 ………………………………… 4
　　（1）年間監査業務計画の作成 …………………………………………… 4
　　（2）「ひな型」16通りの用意 ……………………………………………… 4
　　（3）監査調書等の作成 …………………………………………………… 4
　3　「第1部　実務編」との関連 ……………………………………………… 5
　　（1）監査役監査の必要項目 ……………………………………………… 5
　　（2）トップとのコミュニケーション ……………………………………… 5
　4　「第2部　基本編」も一読を ……………………………………………… 5
　　（1）監査役の重要ポイントを網羅 ………………………………………… 5
　　（2）順序立てて読む人のために ………………………………………… 6
　〔3月決算のケース〕……………………………………………………………… 7
　　ひな型一覧表 ………………………………………………………………… 9
　　ひな型1　監査役選任に関する同意書 …………………………………… 10
　　ひな型2　監査役個別報酬決定通知書 …………………………………… 11

ひな型 3	監査役退職慰労金決定通知書……………………………12
ひな型 4	株主総会後法定事項監査調書……………………………13
ひな型 5	期中監査調書……………………………………………14
ひな型 6	内部統制監査調書………………………………………16
ひな型 7	貸借対照表・損益計算書監査調書……………………17
ひな型 8	株主資本等変動計算書監査調書………………………19
ひな型 9	個別注記表監査調書……………………………………20
ひな型10	附属明細書監査調書……………………………………21
ひな型11	事業報告監査調書………………………………………22
ひな型12	取締役会議事録監査調書………………………………24
ひな型13	株主総会議案監査調書…………………………………26
ひな型14	監査報告書（基本型）…………………………………29
ひな型15	株主総会口述書…………………………………………32
ひな型16	利益相反取引・無償利益供与等監査調書……………33

第1部　実務編

第1章　中小会社の監査役監査モデル……………………………37
　1　機関設計モデルの選定………………………………………37
　2　監査モデル特定の目的………………………………………38
　3　中小会社の機関設計…………………………………………39

第2章　年間監査業務計画と監査調書等の作成…………………41
　1　年間監査業務計画の作成……………………………………41
　　（1）年間監査業務計画作成の時期……………………………41
　　（2）年間監査業務計画の月別配置……………………………41
　　（3）年間監査業務計画の内容…………………………………42

2　監査調書等の「ひな型」………………………………………………42

第3章　監査役監査の必要項目………………………………………43
　　1　株主総会前後の手続の監査………………………………………43
　　　（1）　監査役候補者の同意………………………………………………43
　　　（2）　株主総会議案の監査………………………………………………44
　　　（3）　監査役退職慰労金の協議決定……………………………………44
　　　（4）　監査役個別報酬の協議決定………………………………………45
　　　（5）　貸借対照表の要旨公告の監査……………………………………46
　　　（6）　株主総会議事録の備置きの監査…………………………………46
　　　（7）　計算書類等の備置きの監査………………………………………47
　　　（8）　委任状の備置きの監査……………………………………………47
　　　（9）　商業登記（変更登記）の監査……………………………………48
　　2　期中監査……………………………………………………………49
　　　（1）　期中在庫の監査……………………………………………………49
　　　（2）　売掛金の年齢調査…………………………………………………50
　　　（3）　会計方針の変更等の監査…………………………………………51
　　　（4）　現金預金，印紙，切手等の監査…………………………………53
　　　（5）　受取手形，支払手形の監査………………………………………54
　　　（6）　重要な稟議書の監査………………………………………………56
　　　（7）　重要な契約書の監査………………………………………………56
　　　（8）　内部統制の整備状況の監査………………………………………58
　　　（9）　利益相反取引・無償利益供与等の監査…………………………60
　　3　期末監査……………………………………………………………63
　　　（1）　計算書類，附属明細書の監査……………………………………63
　　　（2）　事業報告，附属明細書の監査……………………………………64
　　　（3）　監査報告書の作成…………………………………………………65
　　　（4）　株主総会口述書の作成……………………………………………67

第2部 基本編

第1章　株式会社の基本構造 …………………………………… 71
1　株式会社の組織 ……………………………………………… 71
（1）株式会社成立の絶対条件 ………………………………… 71
（2）大中小会社と公開会社の定義 …………………………… 72
（3）中小会社の機関設計 ……………………………………… 72
2　株式会社の基本構造 ………………………………………… 75
（1）株式会社のトライアングル機能 ………………………… 75
（2）代表取締役と取締役の差異 ……………………………… 76
（3）代表取締役の権限の限界 ………………………………… 77
（4）監査役の基本的機能と独任制 …………………………… 78

第2章　監査役と取締役の権利・義務 ………………………… 81
1　取締役の権利・義務 ………………………………………… 81
（1）取締役の忠実義務と善管注意義務 ……………………… 81
（2）取締役会の決議と業務執行の監督 ……………………… 82
（3）経営判断の原則の遵守 …………………………………… 83
（4）内部統制整備の遂行 ……………………………………… 84
2　監査役の権利・義務 ………………………………………… 86
（1）業務監査権と会計監査権 ………………………………… 86
（2）監査役・会計監査人の人事・報酬決定権 ……………… 87
（3）取締役との企業不祥事等の相互報告義務 ……………… 89
（4）三様監査の連係 …………………………………………… 90
（5）監査役が責任を負うとき ………………………………… 91
3　会社法における権限等の主な改正 ………………………… 94
（1）取締役の無過失責任から過失責任へ …………………… 94

（2）社外取締役等に責任限定契約 …………………………………95
　　　（3）監査役の監査役・会計監査人選任の同意権等 ………………96
　　　（4）監査役の監査役・会計監査人報酬の同意権等 ………………97
　　　（5）非公開会社の監査役の任期伸長 ………………………………98
　　　（6）予備監査役の規定化 ……………………………………………98
　　4　会社法におけるその他の主な改正 …………………………………99
　　　（1）株主総会の招集通知発送日の短縮 ……………………………99
　　　（2）株主招集地の制限撤廃 ………………………………………100
　　　（3）社外取締役，社外監査役の登記の取扱い …………………100
　　　（4）特別取締役制度の創設 ………………………………………101
　　　（5）取締役の解任決議要件の変更 ………………………………101
　　　（6）内部統制構築等の取締役会決議 ……………………………102
　　　（7）計算書類等の提出期限の廃止 ………………………………103
　　　（8）会計限定の監査役設置会社のコーポレートガバナンス …104
　　　（9）利益処分案の廃止と賞与の取扱い …………………………105
　　　（10）配当の取扱いの変化 …………………………………………106

第3章　株主代表訴訟と監査役の役割 ……………………………109
　　1　株主代表訴訟の基本事項 ……………………………………………109
　　　（1）株主代表訴訟の意義 …………………………………………109
　　　（2）代表訴訟における監査役の会社代表 ………………………110
　　　（3）株主の提訴請求後の60日考慮期間 …………………………111
　　　（4）株主の要請による不提訴理由書の提出 ……………………111
　　　（5）消滅事項と遺族への波及 ……………………………………112
　　2　株主代表訴訟の最近の傾向 …………………………………………114
　　　（1）アンビューランスチェーサーの波及 ………………………114
　　　（2）会社を苦悩に陥れる他の要素 ………………………………116
　　　（3）取締役等敗訴の増加傾向 ……………………………………120

（4）　蛇の目ミシン，ダスキン判決の賠償高額化 ……………………121
　　　（5）　経営判断の原則と資料整備の必要性 ………………………124

第4章　21世紀の監査役の役割 …………………………………………127
　1　リスク管理のチェッカー機能 ……………………………………127
　2　内部統制整備のチェッカー機能 …………………………………128
　3　法制に見合った地位の確立 ………………………………………129

基本モデル
監査調書等の「ひな型」

監査調書等の「ひな型」

1 基本モデルの「ひな型」

(1) 基本モデルの「ひな型」

　本書では中小会社の機関設計の中から圧倒的多数を占める「取締役会＋監査役」のパターンを基本モデルとして選定し，監査役が監査責務を果たすべき最小限度の監査証跡として16種類の「ひな型」を用意した。この「ひな型」はそのまま利用することができるが，また各社の特性等に従って微調整を加えたり，不要なものは除きさらに必要と思われる調書を作成するなど工夫して利用することも可能である。

(2) 最初に結論の提示

　本書は一般的な序論，本論，結論といった常識的配置を考慮せず，現代人のスピード感や結論重視の感覚あるいは時間の重視感覚に配慮してまず結論である「ひな型」を示すことにした。最初の「ひな型」を見てまず全体像を知っていただくことを最優先したのである。

2 監査調書等(「ひな型」参考)作成の手順

(1) 年間監査業務計画の作成

まず年間監査業務計画を7頁に示したように，月別に監査すべき内容を計画表に盛り込む。この監査内容は監査業務としてその責務を果たすことになると考える最小限度の内容項目を記載したものである。大きくは株主総会終了後からスタートし翌年の期末に向けて順次発生すると想定される監査業務の流れに合わせ記載している。右の監査調書等の欄は監査業務との関連を結びつけるために加えたものであるが，実務的には無理に加える必要はないと思われる。むしろ会社の実情に対応して監査内容として監査すべき項目に付け加えるべきものが落ちていないかに留意すべきであろう。

(2) 「ひな型」16通りの用意

監査調書等の「ひな型」を10頁〜33頁に16通り作成してあるので，これらを参考にして監査調書等をそのまま利用するか，自社用にアレンジして利用するかしながらタイミングよく作成していただきたい。

(3) 監査調書等の作成

上記の年間監査業務計画に従って「ひな型」を参考に監査調書を作成することになる。監査調書の多くは期末から株主総会前に集中するものと考えられるが，同意書や決定通知書などはその都度タイミングよく作成して会社側に提出する習慣をつけておくべきであろう。

なお会社法では旧商法と異なり計算書類の内容が変わり貸借対照表・損益計算書の他に株主資本等変動計算書，個別注記表が新しく登場してきたので株主資本等変動計算書等を一通り理解しておかないと監査ができないことになる。ともあれ監査役であれば複式簿記の原理ぐらいは勉強しておかないと監査はおぼつかない。会計に縁の遠かった監査役はこれからでも十分に間に合うので複

式簿記の初歩的学習は是非とも実行していただきたい。

3 「第1部 実務編」との関連

(1) 監査役監査の必要項目

　特に「第3章 監査役監査の必要項目」には，年間監査業務計画の内容，それは同時に監査調書（「ひな型」）の内容でもあるが，個別各論的に詳述しているので是非一度はお読みいただきたい。冒頭で「本書の特徴」に記したように結論を前に持ってきたために内容の説明が後回しになっているのでその点をご理解いただきたい。

(2) トップとのコミュニケーション

　監査業務を遂行していく上で特に大切で難しい点はトップとのコミュニケーションであろうかと思われる。取締役会の議事録にしても，稟議書の監査にしても，トップの理解が薄い場合には殊更に苦労の連続となる。しかしこれからの会社のトップは遵法を哲学として持たない限り21世紀を生き抜くことはできない。そのことをよく監査役がPRしていただきたい。建前と本音は別だなどとトップがいっているようではその会社の先は見えてこようというものである。

4 「第2部 基本編」も一読を

(1) 監査役の重要ポイントを網羅

　基本編には平成18年施行の新会社法における監査役の重要なポイントを網羅してあるので時間のあるときに是非ご一読いただきたい。
　これからはますます取締役や内部監査部門との意思疎通が大切になってくる。監査役には会社法が相当な重装備の権利を与えているが，同時にその反面責任

の重大さを認識しなければならない。
　監査役としては先手先手と問題点を先取りしながら大きな企業不祥事を防ぐ一翼を担わなければならない。

（２）　順序立てて読む人のために

　普通の書籍のように順序立てて読むほうがよい人は，「**第２部　基本編**」からスタートさせ，「**第１部　実務編**」そして最後に**監査調書等の「ひな型」**へと逆にお読みいただくとよい。

　しかし時間があまりない人や結論を先に知りたい人はこの書物の順に見ていただけばよい。

　私は長いこと実務の世界にどっぷり漬かっていたし，大方の上司達が非常にせっかちですぐに結論を求めたがる傾向にあったので，そうしたＤＮＡがいつの間にか体質の中に移ってしまった。そしていつしか一般に企業人は皆せっかちに違いないと類推するようになった。

　ところで書物は相も変わらず代数学的に事を進めるものが大半であるから，この度はあえて幾何学的に最初に結論を書くという暴挙を敢行したのである。読者の気持ちを汲んでよかれと考えて実行したことなのでその善意に免じてお許しをいただきたい。

基本モデル　監査調書等の「ひな型」

〔3月決算のケース〕

年間監査業務計画（略式）

（平成Ｘ年6月～（Ｘ＋1）年6月）

項　目	監　査　内　容	監査調書等の「ひな型」
Ｈｘ 6月 総会後 ↓ 8月	1．監査役個別報酬の協議決定 2．監査役退職慰労金の協議決定 3．貸借対照表の要旨公告 4．株主総会議事録の備置き 5．計算書類，附属明細書，事業報告 　　監査報告書の備置き 6．委任状の備置き 7．商業登記（変更登記含む）	・監査報酬決定通知書 ・退職慰労金決定通知書 ・株主総会後法定事項 　監査調書
9月 ↓ H(x+1) ↓ 3月	1．期中在庫（不良在庫等） 2．売掛金（不良債権等） 3．会計方針の変更等 4．有価証券，受取手形，支払手形 5．重要な稟議書 6．重要な契約書 7．内部統制の整備状況 8．利益相反取引，無償利益供与等	・期中監査調書 ・内部統制監査調書 ・利益相反取引，無償利益 　供与等監査調書
4月 ↓ 6月 総会	1．計算書類等の受領 2．事業報告等受領 3．監査役候補者承認の審議 4．株主総会議案 5．取締役会議事録 6．監査報告書作成＊ 7．株主総会口述書作成 8．株主招集通知発送（総会1週間前） ＜会299＞	・貸借対照表・損益計算書 　監査調書 　株主資本等変動計算書 　監査調書 ・個別注記表監査調書 ・附属明細書監査調書 ・事業報告監査調書 ・監査役選任同意書 ・株主総会議案監査調書 ・取締役会議事録監査調書 ・監査報告書 ・株主総会口述書

＊　計算規則152
　　計算書類受領日から4週間を経過した日　　　のうち最も遅い日までに
　　附属明細書受領日から4週間を経過した日　｝特定監査役は特定取締役
　　特定取締役と特定監査役の合意した日　　　　に監査報告書を提出する。

　　cf．特定取締役：監査報告を受ける取締役またはそれ以外の場合は会計関係書類
　　　　　　　　　　の作成職務を行った取締役をいう。
　　　　　特定監査役：監査報告の内容を通知する監査役を定めた場合はその監査役を
　　　　　　　　　　いい，定めない場合はすべての監査役をいう。

基本モデル　監査調書等の「ひな型」

ひな型一覧表

ひな型1：監査役選任に関する同意書
ひな型2：監査役個別報酬決定通知書
ひな型3：監査役退職慰労金決定通知書
ひな型4：株主総会後法定事項監査調書
ひな型5：期中監査調書
ひな型6：内部統制監査調書
ひな型7：貸借対照表・損益計算書監査調書
ひな型8：株主資本等変動計算書監査調書
ひな型9：個別注記表監査調書
ひな型10：附属明細書監査調書
ひな型11：事業報告監査調書
ひな型12：取締役会議事録監査調書
ひな型13：株主総会議案監査調書
ひな型14：監査報告書
ひな型15：株主総会口述書

〔特別監査〕

ひな型16：利益相反取引・無償利益供与等監査調書

（注）　各調書の右側に監査結果の欄があるが，そこには各自で適切な短い言葉を入れていただきたい。例えば「適法」,「適正」,「該当なし」等の言葉を工夫して書き入れていただきたい。

〔ひな型1〕

監査役選任に関する同意書

代表取締役社長
　　＿＿＿＿＿＿＿＿　殿

　第　　期定時株主総会に提出される監査役選任議案につき会社法第343条に基づき同意することをここにご報告いたします。

　　　監査役候補者　　＿＿＿＿＿＿＿＿＿＿＿＿

　　　監査役候補者　　＿＿＿＿＿＿＿＿＿＿＿＿

　　　　　　　　　　　　　　　平成　　年　　月　　日

　　　　　　　　　　　　　監査役　　＿＿＿＿＿＿＿＿＿　印

　　　　　　　　　　　　　監査役　　＿＿＿＿＿＿＿＿＿　印

（注）　旧監査役が新監査役候補者に対し同意することになる。もしも交代等の変化がないときは、この書式は不要となる。

基本モデル　監査調書等の「ひな型」

〔ひな型２〕

監査役個別報酬決定通知書

代表取締役社長
　＿＿＿＿＿＿＿＿　殿

　　第　　期定時株主総会後における監査役の個別報酬につき会社法第387条に基づき協議の結果，下記のように決定いたしましたので，ここにご報告いたします。

　　監査役　＿＿＿＿＿＿＿＿＿＿　　＿＿＿＿＿＿＿＿＿＿＿円（／年）

　　監査役　＿＿＿＿＿＿＿＿＿＿　　＿＿＿＿＿＿＿＿＿＿＿円（／年）

　　　　　　　　　　　　　　　　　平成　　年　　月　　日

　　　　　　　　　　　　　　監査役　＿＿＿＿＿＿＿＿＿＿　印

　　　　　　　　　　　　　　監査役　＿＿＿＿＿＿＿＿＿＿　印

（注）　監査役が１人の場合でも決定通知書は必要である。

〔ひな型３〕

監査役退職慰労金決定通知書

代表取締役社長
　　――――――――　殿

　第　　期定時株主総会決議に基づく監査役――――――――氏の退職慰労金につき会社法第387条に基づき監査役の間で協議の結果，下記のように決定いたしましたので，ここにご報告いたします。

　　監査役　――――――――――――　　――――――――――円

　　監査役　――――――――――――　　――――――――――円

　　　　　　　　　　　　　　　　　　平成　　年　　月　　日

　　　　　　　　　　　　　　監査役　――――――――――　印

　　　　　　　　　　　　　　監査役　――――――――――　印

（注）　監査役が１人の場合でも決定通知書は必要である。

基本モデル　監査調書等の「ひな型」

〔ひな型４〕

株主総会後法定事項監査調書

監　査　内　容	監査結果
１．監査役の報酬は監査役により協議決定されたか。 　　　　　　　　　　　　　　　　　　　　　（会387） 　（注）　監査役が１人の場合でも自主的に決定する。この場合取締役の同意をとりつけたほうがよい。	
２．監査役の退職慰労金は監査役により協議決定されたか。 　　　　　　　　　　　　　　　　　　　　　（会387） 　（注）　退職慰労金は報酬の後払いとする一般説に従えば，１の注と同様の扱いとなる。	
３．株主総会の議事録は法定に従い備え置かれているか。 　　　　　　　　　　　　　　　　　　　　　（会318）	
４．代理権の書面（委任状）は法定に従い備え置かれているか。 　　　　　　　　　　　　　　　　　　　　　（会310）	
５．貸借対照表またはその要旨の公告は法定に従い行われたか。 　　　　　　　　　　　　　　　　　　　　　（会440）	
６．商業登記の変更等は法定に従いなされたか。　（会915）	
７．計算書類，附属明細書，監査報告書は法定に従い備え置かれているか。　　　　　　　　　　　　　　　（会442）	

平成　年　月　日

　　　　　　　　　　　　　　監査役　　氏　名　　　　印

〔ひな型5〕

期 中 監 査 調 書

監　査　内　容	監査結果
Ⅰ　定常的監査項目 　1．会計方針の変更 　　　期初に会計方針の変更はなかったか。 　2．現 金 預 金 　　（1）　入出金手続に内部統制は十分機能しているか。 　　（2）　帳簿と実物残高，残高証明は一致しているか。 　　（3）　印鑑，書損じ証書等は適切に保管されているか。 　3．売　掛　金 　　（1）　売掛金残高と確認書との突合で異常なものはないか。 　　（2）　売掛金残高の年齢調べで異常なものはないか。 　　（3）　売掛金の回収率や回収条件は守られているか。 　4．受取手形，支払手形 　　（1）　実物と帳簿残高は一致しているか。 　　（2）　受取手形の期日は契約条件と一致しているか。 　　（3）　不渡手形，融通手形等は発生していないか。 　5．棚 卸 資 産 　　（1）　実地棚卸と帳簿残高は一致しているか。 　　（2）　棚卸数量，金額等に異常な増減はないか。 　　（3）　低価法，評価損，廃棄損等は適切に行われているか。 　6．固 定 資 産 　　（1）　償却，除却，付保等は適切に行われているか。 　　（2）　稟議書，見積書，契約書等に問題はないか。 　　（3）　リース管理，会計処理に問題はないか。	

基本モデル　監査調書等の「ひな型」

7．売　　　　上
　（1）　販売価格，値引条件等は規準通りに行われているか。
　（2）　異常な売上げや簿外売上はないか。
　（3）　与信限度の遵守状況に問題はないか。

Ⅱ　非定常的監査

1．重大な法令・定款に違反しまたは会社の財産または損益に重大な影響を及ぼす恐れのある事項を知ったときその調査を行い，その結果を記載しているか。　　　（会357）

2．内部統制の欠陥に関する事項を知り，取締役に助言等を行ったときその概要を記載しているか。　　（会348③四）

3．稟議書は内規に従って適切に運用されているか。

4．契約書の内容に基本的な問題はないか。また将来の偶発債務を含む等の問題点はないか。

平成　年　月　日
　　　　　　　　　　　　　監査役　　氏　名　　㊞

〔ひな型６〕

内 部 統 制 監 査 調 書

監　査　内　容	監査結果
１．内部統制の整備を所轄する部署またはこれに代わる組織等があるか。	
２．情報の保存および管理（施規98①一）	
（１）　文書管理規定や文書保存規定等はあるか。	
（２）　文書等の機密漏洩対策は十分か。	
（３）　ＩＴ関連の情報管理に問題はないか。	
（４）　得意先，消費者等のクレーム等は十分把握しているか。	
３．損失の危機管理に対する体制（施規98①二）	
（１）　リスク管理規定等はあるか。	
（２）　会社の存亡に関わるリスクは把握できているか。	
（３）　リスク回避等の対策はなされ実行されているか。	
４．取締役の職務執行の効率性を確保する体制（施規98①三）	
（１）　業務分掌規定等はできているか。	
（２）　取締役とラインの意思疎通を図る組織はあるか。	
（３）　監査役や専門家等との意見交流の場はあるか。	
５．法令・定款等遵守を確保する体制（施規98①四）	
（１）　コンプライアンス規定等はあるか。	
（２）　取締役，監査役，会計監査人間の不祥事に関する連絡体制は十分か。	
（３）　信賞必罰のシステムは十分に機能しているか。	
６．企業集団の業務の適正を確保する体制（施規98①五）	
（１）　親会社の内部統制に関する協力要請に応じているか。	
（２）　グループ会社としてのパイプは確保されているか。	
（３）　グループ監査役の定期的交流はあるか。	
７．財務報告の信頼性	
（１）　会計業務の処理能力は十分確保できているか。	
（２）　粉飾決算の行われる余地はないか。	
（３）　会計処理に牽制機能は十分働いているか。	

平成　年　月　日

　　　　　　　　　　　　　　　　　監査役　　氏　名　　印

基本モデル　監査調書等の「ひな型」

〔ひな型７〕
貸借対照表・損益計算書監査調書

監　査　内　容	監査結果
I　貸借対照表 　1．会計方針の変更 　　　当期に会計方針の変更は行われたか。 　2．対前期比較 　　　前期と比較して差異の大きな科目を調査し問題はないか。 　3．現金預金 　　　帳簿残高と残高証明（正）は一致しているか。 　4．売掛金 　　（1）　売掛金残高と確認書との突合で異常なものはないか。 　　（2）　得意先に対し異常な増加や回収の異常な遅れはないか。 　5．棚卸資産 　　（1）　実地棚卸と帳簿残高は一致しているか。 　　（2）　棚卸数量・金額等の異常な増加・減少はないか。 　　（3）　低価法，評価減，等は適切に行われたか。 　6．固定資産 　　（1）　固定資産の取得・除却は適切に行われているか。 　　（2）　減価償却累計額は適切に表示されているか。 　　（3）　リース資産は固定資産に計上されているか。 　7．受取手形，有価証券 　　　帳簿残高と実物残高は一致しているか。 　8．貸倒引当金 　　　金銭債権の取立不能見込額は控除の形式で表示されているか。 　9．退職給付引当金 　　　退職給付引当金計上の前提条件は適正か。 　10．繰延税金資産 　　　繰延税金資産は適正に計上されているか。	

Ⅱ　損益計算書

1．会計方針の変更
　　当期に会計方針の変更は行われたか。
2．対前期比較
　　前期と比較して差異の大きな科目を調査し問題はないか。
3．売　　　　上
　　売上高に異常な増減はないか。
4．売 上 原 価
　　売上原価に異常な増減はないか。
5．特別利益（または損失）
　　特別利益（または損失）に異常なものはないか。
6．法 人 税 等
　　法人税等の計上額に異常性はないか。
7．当期純利益
　　前期と比較して当期純利益に異常はないか。

添付資料
　　　　貸借対照表，損益計算書，決算短信

平成　年　月　日

　　　　　　　　　　　　監査役　　氏　名　　　印

基本モデル　監査調書等の「ひな型」

〔ひな型8〕

株主資本等変動計算書監査調書

監　査　内　容	監査結果
1．各項目につき①前期末残高，②当期末残高の金額は貸借対照表の金額と一致しているか。	
2．資本金の払込または給付の額の2分の1を超えない額は資本準備金に計上されているか。　　　　　　　　（会445）	
3．剰余金の配当は分配可能額の範囲内にあるか。	
4．剰余金の配当により減少した剰余金がある場合，準備金の額が基準資本金（資本金×4分の1）に達していれば，準備金の積立額は0，達していない場合は，①基準資本金－準備金既積立額と，②会社法446条6号の額×10分の1のいずれか少ない額を資本準備金または利益準備金として計上しているか。　　　　　　　　　　　　（会445，計規45）	
5．資本金，準備金，その他の剰余金につきその増加，減少において資本取引と損益取引の混同はないか。（計規49～52）	
6．各項目の当期変動額につき株主資本等変動計算書の中でまたは注記表で変動事由が明らかにされているか。	
平成　年　月　日　　　　　　　　監査役　　氏　　名　　　印	

〔ひな型9〕

個 別 注 記 表 監 査 調 書

監 査 内 容	監査結果
1．重要な会計方針に係る事項に関する注記（計規129，132） 　（1）　資産の評価基準および評価方法 　（2）　固定資産の減価償却の方法 　（3）　引当金の計上基準 　（4）　収益および費用の計上基準 　（5）　その他計算書類作成の基本となる重要事項 　（6）　会計処理の原則・手続を変更したときはその理由，計算書類への影響内容 　（7）　表示方法を変更したときはその内容 2．株主資本等変動計算書に関する注記（計規136） 　（1）　事業年度末における発行済株式数（種類株式ごとに） 　（2）　事業年度末における自己株式数（種類株式ごとに） 　（3）　事業年度中に行った剰余金の配当に関する事項 　（4）　事業年度末日後行う剰余金の配当に関する事項 　（5）　事業年度末日における会社が発行している新株予約権の目的となる会社の株式数 3．その他の注記（計規144） 　貸借対照表等，損益計算書等および株主資本等変動計算書により会社の財産または損益の状態を正確に判断するために必要な事項（除，計規134，135） 　　（注）　会計監査人設置会社の場合は計算規則129条を参照	
平成　年　月　日 　　　　　　　　　　　　　　監査役　　氏　名　　　　印	

基本モデル　監査調書等の「ひな型」

〔ひな型10〕

附 属 明 細 書 監 査 調 書

監　査　内　容	監査結果
貸借対照表，損益計算書，株主資本等変動計算書，個別注記表に関する附属明細書の監査内容を定める。 Ⅰ　基本事項 　1．有形固定資産および無形固定資産の明細 　2．引当金の明細 　3．販売費および一般管理費の明細 　4．貸借対照表，損益計算書，株主資本等変動計算書および 　　　個別注記表の内容を補足する重要事項 Ⅱ　そ の 他 　　　競業取引，利益相反取引，無償利益供与についての調査	
平成　年　月　日 　　　　　　　　　　　　　　　　監査役　　氏　名　　　印	

〔ひな型11〕

事 業 報 告 監 査 調 書

監　査　内　容	監査結果
I　基本事項 　1．当該株式会社の状況に関する重要な事項（ただし計算書類，その附属明細書記載事項は除く）（施規118） 　2．内部統制組織体制の整備についての決定または決議がある場合はその内容（施規118） II　特別事項 　1．社外役員を設けた場合の特則（施規124） 　　（1）　社外役員が他社の業務執行取締役，執行役であるときはその事実と会社と当該他社との関係 　　（2）　社外役員が他社の社外役員を兼務しているときはその事実 　　（3）　社外役員が特定関係事業者の業務執行取締役，執行役であるときはその事実 　　（4）　社外役員の取締役会への出席状況，発言状況その他法令違反等に対し予防措置を行ったときはその概要 　　（5）　社外役員と責任限定契約を締結しているときはその概要 　　（6）　社外役員の当該事業年度における報酬総額 　　（7）　社外役員が親会社または親会社の子会社から報酬等を受けているときはその総額 　　（8）　（7）につき社外役員の意見があればその意見 　2．会社の支配に関する基本方針の特則（施規127） 　　（1）　会社の事業等の方針決定支配の基本方針の内容	

基本モデル　監査調書等の「ひな型」

(2) 会社財産の有効活用，適切な企業集団の形成，その他基本方針実現に資する取組み，基本方針に対し不適切な者の企業買収を防止する取組み

(3) (2)の取組みに関しその取組みが基本方針に沿い株主共同の利益を損なわず，役員の地位の維持を目的としていないことにつき下した取締役会の判断および理由

Ⅲ　附属明細書

事業報告の内容を補足する重要な事項（施規128）

平成　年　月　日

　　　　　　　　　　監査役　　氏　名　　印

〔ひな型12〕

取締役会議事録監査調書

監 査 内 容	監査結果
I 基本的法定要件 　1．取締役会は少なくとも年に4回は開催されているか。 　　　　　　　　　　　　　　　　　　　　　　　　（会363②） 　2．書面による取締役会の開催には取締役全員の同意がなされているか。　　　　　　　　　　　　　　　　　（会370①） 　3．書面決議は定款にその旨の定めがあるか。　　　（会370） 　4．取締役会の議事録（電磁的記録を含む）は10年間本店に備置きされているか。　　　　　　　　　　　　　　（会371） 　5．取締役会の人数は法定要件を満たしているか。（会331④） II 議事録の内容 　1．取締役会の開催日，時間，場所の記載はあるか。 　　　　　　　　　　　　　　　　　　　　　　　　（施規101③一） 　2．議事録には出席取締役および監査役は署名しているか。 　　　　　　　　　　　　　　　　　　　　　　　　（会369③） 　3．決議は合法的になされているか（特別決議等）。 　4．経営判断の原則違反はなかったか。 　5．内部統制には関心が寄せられているか。 　6．重要な決議の資料は保管されているか。 　7．重要な案件や債務保証等を代表取締役が単独で承認していないか。　　　　　　　　　　　　　　　　　　　（会362） 　8．競業取引，利益相反取引に関する取締役会の承認決議は得られているか。　　　　　　　　　　　　　（会356，365） 　9．競業取引，利益相反取引に関する取引を行った取締役は遅滞なく取締役会へ報告しているか。　　　　　（会365②）	

Ⅲ　そ　の　他

1．取締役は会社に著しい損害を与える恐れある事実を発見した場合には，直ちに株主（監査役設置会社では監査役）に報告することを認識しているか。　　　　（会357）
2．取締役の過失責任について正しい認識がなされているか。
　　　　　　　　　　　　　　　　　　　　　　（会369⑤）
3．取締役は株主代表訴訟について基本的な認識を持っているか。
4．株主総会の開催手続につき法定要件を欠いていることはないか。
5．取締役会における反対意見を表明した取締役の氏名と概要は正しく記載されているか。　　　　　（会369⑤）

平成　　年　　月　　日

　　　　　　　　　　　　　　監査役　　氏　名　　印

〔ひな型13〕

株主総会議案監査調書

監査内容	監査結果
1．剰余金の配当議案 （1）　配当は分配可能額の範囲内にあるか。　　　（会461②） （2）　純資産額が300万円を下回っていないか（下回るときは配当はできない）。　　　（会458） 2．取締役選任議案 （1）　候補者の氏名，生年月日，略歴の記載はあるか。 　　　　　　　　　　　　　　　　　　　　　　（施規74①一） （2）　就任の承諾ないときはその旨の記載はあるか。 　　　　　　　　　　　　　　　　　　　　　　（施規74①二） 3．社外取締役選任議案の追加項目 （1）　候補者が社外取締役である旨の記載はあるか。 　　　　　　　　　　　　　　　　　　　　　　（施規74④一） （2）　候補者を社外取締役とする理由の記載はあるか。 　　　　　　　　　　　　　　　　　　　　　　（施規74④二） 4．会計参与選任議案 （1）　候補者が公認会計士（または監査法人）または税理士（または税理士法人）のとき，氏名（名称），事務所所在場所，生年月日，略歴（沿革）の記載はあるか。 　　　　　　　　　　　　　　　　　　　　　　（施規75①一） （2）　就任の承諾ないときはその旨の記載はあるか。 　　　　　　　　　　　　　　　　　　　　　　（施規75①二） 5．監査役選任議案 （1）　会社の提案議案の場合，監査役の同意は得られているか。　　　　　　　　　　　　　　　　　　（会343①） （2）　候補者の氏名，生年月日，略歴の記載はあるか。 　　　　　　　　　　　　　　　　　　　　　　（施規76①一）	

（3） 会社と利害関係のあるときはその概要の記載はあるか。
　　　　　　　　　　　　　　　　　　　（施規76①二）
（4） 就任の承諾ないときはその旨の記載はあるか。
　　　　　　　　　　　　　　　　　　　（施規76①三）
（5） 監査役の請求により議案提出がなされたときはその旨の記載があるか。　　　（会343，施規76①四）
（6） 監査役の意見があるときはその概要の記載はあるか。
　　　　　　　　　　　　　　　　（会345，施規76①五）

6．役員の解任議案
（1） 役員の氏名および解任の理由は記載されているか。
　　　　　　　　　　　　　　　　　　　（施規78〜80）
（2） 会計参与および監査役の場合，意見があればその概要が記載されているか。　（施規79①三，80①三）

7．取締役の報酬議案
（1） 報酬額の算定の基準，変更のときはその理由，複数の取締役のときはその人数の記載はあるか。（施規82①）
（2） 退職慰労金の場合は各取締役の略歴の記載はあるか。
　　　　　　　　　　　　　　　　　　　（施規82①四）
（3） 議案が一定の基準で第三者に一任する場合，基準内容の記載があるかまたは適切な措置によっているか。
　　　　　　　　　　　　　　　　　　　（施規82②）

8．監査役の報酬議案
（1） 報酬額の算定の基準，変更のときはその理由，複数の監査役のときはその人数の記載はあるか。（施規84①）
（2） 退職慰労金の場合は各監査役の略歴の記載はあるか。
　　　　　　　　　　　　　　　　　　　（施規84①四）
（3） 議案が一定の基準で第三者に一任する場合，基準内容の記載があるかまたは適切な措置によっているか。
　　　　　　　　　　　　　　　　　　　（施規84②）
（4） 監査役の意見がある場合にはその概要が記載されているか。　　　　　　　　（会387③，施規84①五）

9．会計参与の報酬議案
　（1）　報酬額の算定の基準，変更のときはその理由，複数の会計参与のときはその人数の記載はあるか。
　　　　　　　　　　　　　　　　　　　　　　（施規83①）
　（2）　退職慰労金の場合は各会計参与の略歴の記載はあるか。
　　　　　　　　　　　　　　　　　　　　　（施規83①四）
　（3）　議案が一定の基準で第三者に一任する場合，基準内容の記載があるかまたは適切な措置によっているか。
　　　　　　　　　　　　　　　　　　　　　　（施規83②）
　（4）　会計参与の意見がある場合にはその概要が記載されているか。　　　　　　　　　　（会379③，施規83①五）

10．計算書類の承認議案
　取締役会の意見があるときはその意見の概要が記載されているか。　　　　　　　　　　　　　　　　（施規85①二）
　（注）　監査役による計算書類の監査調書は別途用意されているので基本的に適法性に問題はない。

11．定款の一部変更議案
　定款変更の内容に法令等違反はないか，法務担当や顧問弁護士等に確認しておいたか。

12．その他議案
　事業の譲渡，合併，資本の増加・減少等が付議事項となる場合があるが，その都度検討することになる。この場合経営判断の原則の視点から検討を加えたか。

平成　年　月　日

　　　　　　　　　　　　　　　　監査役　　氏　名　　印

基本モデル　監査調書等の「ひな型」

〔ひな型14〕

監 査 報 告 書（基本型）

監 査 報 告 書

　私（私ども）監査役は，平成　年　月　日から平成　年　月　日までの第　期事業年度の取締役の職務の執行を監査いたしました。その結果につき以下のとおり報告いたします。

1．監査の方法の概要
　　監査役は，取締役会その他重要な会議に出席する他，取締役等から事業の報告を聴取し，重要な決裁書類等を閲覧し，本社及び主要な事業所において業務及び財産の状況を調査しました。また会計帳簿等の調査を行い，計算書類及び事業報告及び附属明細書につき検討を加えました。
2．監査の結果
　（1）　貸借対照表及び損益計算等の計算書類は，法令及び定款に従い会社の財産及び損益の状況を正しく示しているものと認めます。
　（2）　事業報告は，法令及び定款に従い会社の財産及び損益の状況を正しく示しているものと認めます。
　（3）　附属明細書は，記載すべき事項を正しく示しており，指摘すべき事項は認められません。
　（4）　取締役の職務遂行に関する不正の行為又は法令もしくは定款に違反する重大な事実は認められません。

　　　　　　　　　　平成　年　月　日
　　　　　　　　　　○○○○○株式会社
　　　　　　　　　　　　監査役　氏　名　　　　印
　　　　　　　　　　　　監査役　氏　名　　　　印

（注）①内部統制の決議等の内容が相当でないとき，②企業買収防衛策の決議につき意見を述べるとき（施規129），および追記情報として，①会計方針の変更，②重要な偶発事象，③重要な後発事象が生じたとき（計規150）に監査報告書へ記載が必要となるので注意を要する。

監査報告書

監査報告書

　私ども監査役は、平成　年　月　日から平成　年　月　日までの第　期事業年度の取締役の職務の執行を監査いたしました。その結果につき以下のとおり報告いたします。

1．監査の方法の概要
　　監査役は、取締役会その他重要な会議に出席する他、取締役等から事業の報告を聴取し、重要な決裁書類等を閲覧し、本社及び主要な事業所において業務及び財産の状況を調査しました。また会計帳簿等の調査を行い、計算書類及び事業報告及び附属明細書につき検討を加えました。
2．監査の結果
　（1）　貸借対照表及び損益計算書等の計算書類は、法令及び定款に従い会社の財産及び損益の状況を正しく示しているものと認めます。
　（2）　事業報告は、法令及び定款に従い会社の財産及び損益の状況を正しく示しているものと認めます。
　（3）　附属明細書は、記載すべき事項を正しく示しており、指摘すべき事項は認められません。
　（4）　取締役の職務遂行に関する不正の行為又は法令もしくは定款に違反する重大な事実は認められません。

　　　　　　　　　　　　　平成　年　月　日
　　　　　　　　　　　　　〇〇〇〇〇株式会社
　　　　　　　　　　　　　　監査役　氏　名　　　印
　　　　　　　　　　　　　　監査役　氏　名　　　印

基本モデル　監査調書等の「ひな型」

監　査　報　告　書

監　査　報　告　書

　私は，平成　年　月　日から平成　年　月　日までの第　期事業年度の取締役の職務の執行を監査いたしました。その結果につき以下のとおり報告いたします。

1．監査の方法の概要
　　監査役は，取締役会その他重要な会議に出席する他，取締役等から事業の報告を聴取し，重要な決裁書類等を閲覧し，本社及び主要な事業所において業務及び財産の状況を調査しました。また会計帳簿等の調査を行い，計算書類及び事業報告及び附属明細書につき検討を加えました。
2．監査の結果
　（1）　貸借対照表及び損益計算書等の計算書類は，法令及び定款に従い会社の財産及び損益の状況を正しく示しているものと認めます。
　（2）　事業報告は，法令及び定款に従い会社の財産及び損益の状況を正しく示しているものと認めます。
　（3）　附属明細書は，記載すべき事項を正しく示しており，指摘すべき事項は認められません。
　（4）　取締役の職務遂行に関する不正の行為又は法令もしくは定款に違反する重大な事実は認められません。

　　　　　　　　　　　　　　平成　年　月　日
　　　　　　　　　　　　　　○○○○○株式会社
　　　　　　　　　　　　　　　監査役　氏　名　　　印

〔ひな型15〕

株主総会口述書

I　監査役が1人の場合

　　私は監査役の甲野太郎です。
　　私は○○○○株式会社の第××期事業年度における取締役の業務の執行状況ならびに会社の財産および損益の状況等を監査いたしました。
　　監査の結果，貸借対照表，損益計算書等の計算書類および事業報告ならびにこれらの附属明細書は法令定款に従い会社の損益および財産の状況を正しく示しているものと認めます。
　　また取締役の職務執行に関しては法令および定款に違反する重大な事実は認められません。
　　以上ご報告いたします。

II　監査役が複数人の場合

　　私は監査役の甲野太郎です。
　　私ども監査役は意見が一致しておりますので，私が監査役を代表してご報告いたします。
　　私ども監査役は○○○○株式会社の第××期事業年度における取締役の業務の執行状況ならびに会社の財産および損益の状況等を監査いたしました。
　　監査の結果，貸借対照表，損益計算書等の計算書類および事業報告ならびにこれらの附属明細書は法令定款に従い会社の損益および財産の状況を正しく示しているものと認めます。
　　また取締役の職務執行に関しては法令および定款に違反する重大な事実は認められません。
　　以上ご報告いたします。

基本モデル　監査調書等の「ひな型」

〔ひな型16〕

利益相反取引・無償利益供与等監査調書

監　査　内　容	監査結果
Ⅰ　利益相反取引・競業取引 　1．利益相反取引につき取締役の法令・定款違反はないか。 　　　　　　　　　　　　　　　　　　　　（会356①） 　2．競業取引につき取締役の法令・定款違反はないか。 　　　　　　　　　　　　　　　　　　　（会356②，③） Ⅱ　無償の利益供与 　会社が無償で行った財産上の利益供与（反対給付が著しく少ない財産上の利益供与を含む）につき取締役の法令・定款違反はないか。　　　　　　　　　　　　　（会120） Ⅲ　親会社，子会社等との非通例的取引 　会社が行った親会社，子会社又は株主との通例的でない取引につき取締役の法令・定款違反はないか。	

　平成　年　月　日

　　　　　　　　　　　　　　監査役　氏　名　　　　　印

第1部
実務編

第1章
中小会社の監査役監査モデル

1 機関設計モデルの選定

★要点★
機関設計モデル＝取締役会＋監査役（型）

「第2部　基本編」で詳述しているが，会社法においては監査役および取締役会は株式会社成立の絶対的条件ではなくなった。旧商法では株主総会，取締役会および監査役が絶対条件であったが，会社法では株主総会および取締役が絶対条件となった。

結果として株式会社の機関設計は後述するように中小会社においては9通りとなった。

あえてこの9通りの機関設計を4つに分類すれば，極小会社型，小会社型，中会社型，準大会社型に分類することができる（**3　中小会社の機関設計．**参照）。

この中で取締役を中心とした機関設計は旧有限会社から株式会社へ移行したケースがほとんどと考えられる。次に旧商法では取締役会が株式会社成立の基本的条件であったため，新しい会社法へ移行した後も中会社型を採用するケースが極めて多いと推測される。さらに旧商法では監査役会は大会社の専属機関であったことを考えると，中会社型の中でも「取締役会＋監査役」型が圧倒的に大多数を占めるものと思われるのである。このタイプは恐らく中小会社の

第1部　実　務　編

90％以上を占めるのではないかという人もいる。

そこで「取締役会＋監査役」型を監査のモデルとして取り上げ，必要に応じて取締役あるいは監査役会にも言及していくこととした。なお準大会社型の場合は，旧商法の大会社のみに見られた会計監査人が任意に設置可能となったことに伴う機関設計であることから，従来の中会社が新規上場を目指して予備訓練的に会計監査人を設置し会社の内容充実を目指すケースが多いのではないかと考えられるので，数もそう多くはないと判断して今回の対象から外した。

2　監査モデル特定の目的

> ★要点★
> 監査モデルの目的＝最小限度の実践可能な監査調書等のモデル（書式）を監査証跡とするよう用意し，監査責任を明らかにする。

会社法では中小会社に対して9通り（任意に会計参与を加えれば17通り）もの多くの機関設計を用意したが，実践の場においては中小会社の監査役は戸惑うばかりである。そのよしあしは別として，旧商法に区分された特例法もなく会社法の中に散りばめられた規定の中から，自分の会社の機関設計に適合したものをピックアップすることになっているのである。

特に大会社の傘下にある中小会社においては，J－SOX法の施行（20年4月以降開始の事業年度より）に伴い，会計監査人からも傘下の中小会社の監査役監査の実施状況や監査内容が相当に問われはじめている。

そこで，典型的な中会社をモデルとして，監査計画をはじめ必要最小限度の監査調書や監査報告等の「ひな型」を用意したので，これにさらに必要であると考えられるものは加えてもらい，監査の証跡としていただくようおすすめしたい。

基本的には文章ではなく，作表化されているのですぐにでも利用可能になっ

ており一応の監査の達成感は得られるものと期待している。

3　中小会社の機関設計

★要点★

機関設計	分類*
1　取締役	極小会社型
2　取締役＋監査役 (注) 3　取締役＋監査役＋会計監査人	小会社型
4　取締役会＋会計参与 5　取締役会＋監査役 (注) 6　取締役会＋監査役会	中会社型
7　取締役会＋監査役＋会計監査人 8　取締役会＋監査役会＋会計監査人 9　取締役会＋三委員会＋会計監査人	準大会社型

（注）　非公開会社の場合、監査役の権限を定款の定めにより会計監査に限定できる（会389）。
　＊　分類は著者の個人的な見解により適当に区分したもので、このような定義が存在するわけではない。

　中小会社の機関設計は要点に示したように9通りであるが、会計参与が任意に設置可能であるところから、厳密には17通りの機関設計が可能である。
　ここで若干の説明をしておきたい部分がある。まず**要点4**にのみ会計参与が登場してくるが、これは取締役会設置会社では監査役を置かねばならないことになっているが、会計参与を置いた場合には監査役を置かないことが可能であるとする例外規定（会327）による。次に三委員会とは委員会設置会社（会400）における3つの委員会つまり、報酬委員会、指名委員会および監査委員会を指している。
　なお会計参与とは取締役と共同して計算書類等を作成する役員で、会社法に

第1部 実務編

新しく取り入れられた規定（会374）であり，資格は税理士（または税理士法人），公認会計士（または監査法人）に与えられる（会333）。

次に三委員会の中で監査を行うのは監査委員会であるが，取締役の中から3人以上（過半数は社外取締役）が取締役会で選ばれる（会400）。

第2章
年間監査業務計画と監査調書等の作成

1　年間監査業務計画の作成

(1)　年間監査業務計画作成の時期

　監査役は株主総会で選任されるために，決算期末からはほぼ3か月のギャップがある。つまり新会計年度は選任される前にスタートしている。そこでできれば新会計年度のスタートする前後に年間監査業務計画を作成しておくことが望ましい。例えば3月決算の会社でいえば，3月か新会計年度の4月に監査業務計画を作成するのである。そして6月に新しい監査役が選任されたら，そのまま引き継ぐか新監査役に意見があれば修正すればよい。

(2)　年間監査業務計画の月別配置

　年間監査業務計画は，7頁の表のように大雑把な時期にしておくのもよいし，月別にしっかりと各項目を配置してもよい。監査は株主総会前後の法定スケジュール以外は，割合に弾力的に取り扱うことができると考えられるので，1か月ごとのスケジュールにしておくのか，3か月くらいの括りにしておくのか自由裁量でやっていただくのがよい。任期は4年だから具合が悪ければ翌年に改善すればよいと思う。

第1部　実　務　編

（3）　年間監査業務計画の内容

　本書で取り扱うモデルケースは，最低限これだけのスケジュールで監査調書を作成しておけば，監査の基本的な責任を果たすことになると考えられる内容としてあるので，必要と考えられればいくら新項目を追加してもよいのである。

　そして7頁の計画表の監査内容の各項目については，すぐ後にすべて監査調書等をモデルとして用意してあるので，そのまま各社に応用ができるものと考えている。ただくれぐれもこれら記載の項目がすべてであると考えていただきたくない。あくまでも最低限度の監査のあかし（証跡）であると理解しておいていただきたい。

2　監査調書等の「ひな型」

　機関設計で「取締役会＋監査役」の場合における監査調書等16の「ひな型」を10頁から33頁に掲記した。

　この「ひな型」は前述したように監査役が監査の責任を果たすための最小限度の証跡（あかし）として用意したものであり，会社特有の個々の事情に基づき必要な調書等を付け加えることは一向に差し支えないことに留意されたい。

　なお「**第3章　監査役監査の必要項目**」で各ひな型の内容の説明を行っているので一度はお読みいただきたい。

第3章
監査役監査の必要項目

1　株主総会前後の手続の監査

（1）　監査役候補者の同意

★要点★
1　監査役候補者に対する監査役の同意（会343）
2　監査役の同意書を代表取締役に提出
（注）　ひな型1（10頁）参照

　監査役候補者を会社側が選出し株主総会の議題とする場合には，監査役の同意を必要とする。監査役としては後日のために，会社が選出した候補者に対する監査役の同意書を作成して代表取締役宛に提出すべきである。そうしないと第三者に説得性のある説明ができない。株主総会の議事録に監査役の同意を得ている記述があれば十分であるとの意見もあるが，万が一記述を忘れた場合はどうするのか。総会決議の瑕疵（かし）を問われても仕方がない。したがって，会社に注意を促す意味でも同意書の作成提出が望ましい。

第1部　実務編

（2）　株主総会議案の監査

> ★要点★
> 1　配当は分配可能額の範囲内にあるか（会461②）。
> 2　監査役の選任議案は監査役の同意を得ているか（会343①）。
> 3　賞与の議案は取締役と監査役に区分掲記されているか（会361，387）。
> 4　定款の一部（または全部）変更がある場合その内容等に法令違反はないか。
> 5　社外取締役を選任する場合にはその旨記載することを要する（施規74④）。
> （注）　ひな型13（26頁）参照

　配当に関しては何といっても分配可能額の範囲内にあることを検討しておかなければならない。また純資産額が300万円未満である場合には配当できないので注意を要する（会458）。

　監査役については，取締役が選任議案を提出するに際して監査役の同意を得ておくことに留意する必要がある。

　次に賞与は会社法では報酬に含まれることとなったが，賞与は特別の報酬であるとの認識から株主総会の議題にのせて株主の承認を得ておこうとする会社もかなりあるようである。この場合には取締役と監査役に区分掲記しなければならない。

　なお定款の一部変更等においては内容の違法性や瑕疵（かし）について調査しておくことも大事であるが，総会後の議事録で特別決議によっているか（会309②十一）等を監査しておきたい。

（3）　監査役退職慰労金の協議決定

> ★要点★
> 1　監査役の個別退職慰労金の協議決定（会387）

2　退職慰労金の協議決定書を代表取締役に提出
　（注）　ひな型3（12頁）参照

　監査役の退職慰労金は一般に報酬の後払いと考えられているので，監査役の協議決定とされている。監査役会がある場合でも協議決定とされており，協議とは全員の同意を含む意といわれているので多数決で決めてはならない。また監査役1人の場合は協議できないのではないかといわれるが，内規や諸般を考慮して監査役自身が決定すべきであると考えられる。同時に協議決定書を代表取締役宛に提出しておくこととしたい。

　なお退職慰労金議案が一定の基準に従いその額を取締役，監査役その他第三者に一任する場合には，一定の基準の内容を記載しなければならないが，株主が基準を知ることができる適切な措置を講じている場合は記載は不要とされている（施規82②）。ここでいう適切な措置とは，一般に株主の要請に応じて基準等を営業時間内にいつでも見ることができる状態にあることといわれている。しかし翌事業年度の事業報告書には報酬に含めて記載されることになっているので，株主から質問があれば概数（頭2桁程度）の金額はいうべきであるという意見が最近の傾向である。

（4）　監査役個別報酬の協議決定

★要点★
　1　監査役の個別報酬の協議決定（会387）
　2　監査役個別報酬の協議決定書を代表取締役に提出
　（注）　ひな型2（11頁）参照

　監査役の個別報酬については，定款や総会での決定がない場合には，株主総会で決定した総枠の範囲内で監査役の協議により決定することとなっている（会387）。取締役の場合は取締役会での決議による決定（会361）となるが，その多くの場合は代表取締役に一任となるようである。しかし監査役の場合は監

査役全員の合意（協議）により決定するのであって，代表取締役に一任などとはならない。そこで協議決定書を作成の上代表取締役へ提出することが望ましいのである。監査役が1人の場合であっても，監査役自身が決定すべきであることに疑問の余地はない。

（5） 貸借対照表の要旨公告の監査

> ★要点★
> 　中小会社が官報または時事を記載する日刊新聞に掲載するときは，定時株主総会後に遅滞なく貸借対照表の要旨を公告しなければならない（会440）。
> 　（注）　ひな型4（13頁）参照

　株主総会後においてすべての株式会社は決算公告を行う必要がある。大会社においては貸借対照表の他に損益計算書も公告しなければならない。原則はすべての数字を公告することになっているが，要点に記した官報または時事記載の日刊紙に掲載する場合には要旨の公告でよいことになっている。なおインターネットで株主総会後5年間不特定の者に開示する場合には公告を必要としない（会440③）。また有価証券報告書を内閣総理大臣に提出する株式会社においては公告は必要ない（会440④）。

（6） 株主総会議事録の備置きの監査

> ★要点★
> 　1　株式会社は株主総会日から10年間，総会議事録を本店に備え置かなければならない（会318②）。
> 　2　株式会社は株主総会日から5年間，総会議事録の写しを支店に備え置かなければならない（会318②）。
> 　（注）　ひな型4（13頁）参照

株主総会の議事録には施行規則72条により株主総会の開催日，議事の経過と結果，意見や発言，出席役員または会計監査人の氏名，議事録作成の取締役氏名等の記載が要求されている。

ただし議事録が電磁的記録で作成されており，法務省令の内容を満たしていて営業時間内でいつでも株主，債権者の閲覧等が可能な場合には，支店の備置きは必要ではない（会318③）。

（7） 計算書類等の備置きの監査

★要点★
1　定時株主総会の1週間（取締役会設置会社では2週間）前の日より5年間，計算書類，事業報告，附属明細書および監査報告書（監査役および会計監査人作成）を本店に備え置かなければならない（会442①）。
2　支店の場合は計算書類等の写しを3年間備え置く（会442②）。
　（注）　ひな型4（13頁）参照

計算書類とは貸借対照表，損益計算書，株主資本等変動計算書および個別注記表をいう。また附属明細書は計算書類と事業報告にそれぞれ付随するものである。ただし計算書類等が電磁的記録で作成され，同時に法務省令の内容を満たしている場合に，株主または債権者の要請により営業時間内にいつでも閲覧等を可能とするときには，支店における備置きは必要ではない（会442②）。

（8） 委任状の備置きの監査

★要点★
　株式会社は委任状を株主総会の日から3か月間本店に備え置かなければならない（会310）。
　（注）　ひな型4（13頁）参照

株主は代理人によって議決権を行使できるが，この場合代理人は代理権を証

明する書面を会社に提出しなければならない。この書面を一般に委任状と呼んでいる。また書面に代えて電磁的方法により書面に記載する内容を提供することも可能である。

株式会社はこの委任状または電磁的記録を株主総会の日から3か月間本店に備え置かなければならない。また株主は会社の営業時間内において，いつでも委任状の閲覧または謄写の請求が可能である。

したがって，3か月を経過すれば保管の義務がなくなるので，監査役としては株主総会後3か月を経過する前に保管の状況を監査しておく必要がある。

(9) 商業登記（変更登記）の監査

> ★要点★
> 登記事項に変更が生じたときには2週間以内に本店の所在地において変更の登記を行う（会915）。
> （注） ひな型4（13頁）参照

登記事項については会社法911条に定められているが，一般に株主総会後に変更の登記をする場合というのは，取締役や監査役等の交代（退任および新任）のケースが多く見受けられる。その他その属性ともいうべき代表取締役，社外取締役，社外監査役，特別取締役といった登記が必要とされる場合がある。また取締役会設置会社，監査役会設置会社等も登記事項とされている。これらは会社法の911条に規定されているのでよく見ていただきたい。

第3章　監査役監査の必要項目

2　期　中　監　査

（1）　期中在庫の監査

★要点★
1　不良在庫の監査
2　架空在庫の監査
3　低価法の適用（20.4より）
4　廃棄損，減耗損の監査
（注）　ひな型5（14頁）参照

①　不良在庫の監査

特に期末棚卸については帳簿残高と実在庫の数量の突き合わせに重点が置かれるため，ともすれば不良在庫の視点が失われやすくなる。そこで時間的余裕のある期中には不良在庫の視点から監査することも必要ではなかろうか。陳腐化などのために長く売れないまま眠っている在庫等には評価損計上等の適切な処理が必要である。

②　架空在庫の監査

架空在庫が生まれる根拠は粉飾決算である。架空在庫を計上すると何故架空の利益につながるのかを考えよう。まず利益の源は粗利益からスタートするのであるが，

①　粗利益＝売上高－売上原価
②　売上原価＝期首商品棚卸高＋当期商品仕入高（または当期製品製造原価）－期末商品棚卸高

ここで②の式の期末商品棚卸高を架空の数字を加えて増加させると，売上原価は引き算した期末在庫の架空の増加分だけ小さくなる。次に小さくなった売上原価を①の売上高から引くために粗利益は架空の増加分だけ大きくなるとい

第1部　実　務　編

う簡単な原理による。

架空在庫は，期中に帳簿と実在庫をチェックすれば多くは発見できる。何よりも帳簿の在庫が大きく増加している時点を調べるのが早道ではないかと思われる。

　③　低価法の適用

期末在庫の問題であるが，ついでに触れておきたい。期末における時価が帳簿在庫額を下回っているとき，その差額を評価損として計上することが，20年4月以降開始の事業年度から義務づけられている。従来は強制低価法といって著しく時価が下落し回復の見込みがたたない場合とされていた。著しい時価の下落とは時価が帳簿価額の50％以上の下落とされていたのであるが，このたびは著しい下落でなくても評価損を計上することとなった。この措置は国際会計基準に合わせたものである。ただ時価のない棚卸在庫については合理的に見積もることになっているが，今後の問題点である。

　④　廃棄損，減耗損の監査

廃棄された在庫品は当然であるが，廃棄すべきと判断される不良在庫について廃棄の意向を確かめ早期に実施するよう助言することも必要であろう。また棚卸在庫の減耗損については担当者が承知していて適時に処理をしていれば問題がないが，減耗の理由等も確認しておくべきであろう。

（2）　売掛金の年齢調査

★要点★
1　売掛金残高の年齢調べで異常なものはないか。
2　売掛金の回収条件等は守られているか。
3　与信管理の条件に問題はないか。
　（注）　ひな型5（14頁）参照

　①　売掛金の年齢調べ

売掛金の回収が遅れている状況を調査することを年齢調べと呼んでいる。特

第3章　監査役監査の必要項目

に架空売上の売掛金は回収の相手がいないから不良債権としていつまでも残っていることになる。回収の異常に遅れているものは粉飾の結果である心配もあるので、特によく調査するほうがよい。また時に自社の側で厳しいノルマを課せられ、苦しまぎれに押し込み販売を行ったり、期末に無理に翌月分まで出荷して回収が遅れることもある。これらは粉飾とはいえないが、粉飾予備軍のような行為であるから止めるように注意していかなければならない。

② 売掛金の回収条件

売掛金の回収条件は守られているかをチェックする必要がある。相手が資金繰りに困ってくると、少しずつ支払期日を伸ばしてくることがある。またあからさまに伸ばす要請を受けることもある。また売上げとの関係で見ると先方は回収条件を守っていても、自社のほうで月末に翌月分まで出荷するような場合には回収が遅れているように見えるので注意する必要がある。

③ 与信管理

相手先が新規の中小会社の場合、特に細かい変化に注意することが重要である。取引の量が急テンポで拡大していくなどは極めて要注意である。回収はきちっと行われ相手を信用させておいて、最後の大きな取引の後で商品を持って逃亡するなどは、よく行われる詐欺の手口である。

与信管理は新規顧客を開拓するときの重要なポイントとなるので、十分に合理的な与信の条件を作り上げることが大切である。その上で与信の管理者が会社に損害を与えないように、よく相手の細かい変化に注意していく必要がある。

（3） 会計方針の変更等の調査

★要点★

会計方針の変更は注記する（計規129, 132②）。
1　変更の旨、変更の理由、計算書類に与える影響を注記
2　表示方法変更の場合はその内容を注記
（注）　ひな型5（14頁）参照

第1部　実　務　編

① 　会計方針の変更

（例1）　工事完成基準から工事進行基準へ

　　　　企業買収に伴い大型案件の受注が増加する見込みにつき，工事完成基準から工事進行基準へ変更した。

（例2）　棚卸評価を移動平均法から先入先出法へ

　　　　物価の変動が著しく帳簿価額と時価との乖離が大きくなってきたので，移動平均法から先入先出法へ変更した。

（例3）　営業外収益から営業収益へ

　　　　受取特許使用料は従来雑益の扱いとしていたが，海外へ生産の拠点を移したため，特許使用料の増加が見込まれるため，営業外収益から営業収益へ変更した。

　　　　ただしワン・イヤー・ルール（例：長期借入金の一部が1年内返済となる）や保有目的の変更（例：事業用不動産から販売用不動産に変更）等により固定負債（資産）から流動負債（資産）へ（または流動から固定へ）変更する等の場合は会計方針の変更ではなく表示の変更に該当する。

② 　表示の変更

（例1）　同一区分内で勘定科目の区分掲記，統合，変更を行う。

　　　　営業外収益の雑益に含まれている受取賃貸料を重要性が増したために区分掲記する場合や資本の部から純資産の部へ科目変更したり，当期利益が当期純利益に科目変更した場合等が該当する。

（例2）　区分を超える変更の場合

　　　　原則的には流動資産から固定資産へといった区分を超える変更は会計方針の変更になるが，前述のようにワン・イヤー・ルールにより3年間借入の長期借入金が返済がすすみ，残りが1年内返済となったために固定負債から流動負債へ区分が変更される場合や，従来の事業用不動産（固定資産）から事業目的の変更で販売用不動産（棚卸資産）に変更したため固定資産から流動資産へ区分が変更される場合は表示の変更に該当する。

(4) 現金預金，印紙，切手等の監査

> ★要点★
> 1 入出金，印紙等に内部統制は機能しているか。
> 2 帳簿残高と残高証明は一致しているか。
> 3 印鑑，仕損じ小切手等は適切に保管されているか。
> （注） ひな型5（14頁）参照

① 入出金，印紙等の監査

入出金について人件費節減等のためにチェックが甘くなったり，全然なくしてしまったりする場合がある。これは極めて危険な状態である。「チェックのないところには必ず不祥事は発生する」というのが古今の真実であると心得ていただきたい。それから入出金のところは厳格にチェックされても，印紙や切手等の現物には関心を持たないようでは困る。印紙や切手も現金と変わらないのでチェックが必要である。

② 帳簿残高と残高証明の監査

時に残高証明は改ざんされる恐れがある。過去の手口を見ると，担当が会社の預金の一部を引き出して私用に使い，決算時に残高が帳簿残高より少なくなったため，残高証明の金額を帳簿に合わせて改ざんし，監査の対応にそのコピーを使用した。

帳簿残高と照合する残高証明はコピーではだめなのである。改ざんされている恐れがあるからである。「コピー信ずべからず」これもまた古今の真実なのである。

③ 印鑑，仕損じ小切手等の監査

まず印鑑の保管状態に注目したい。印鑑を部下に預けたり，誰でも使用できるような場所に置いたりしてはならない。印鑑を別の者が押印しても第三者的には全く区別ができないからである。上司の印鑑を勝手に使用して出金したり，契約を結んだ例があり非常に危険である。チェックの仕組みを作るときは，人を信用しない前提に立ち性悪説で作るべきである。

第1部 実 務 編

小切手や銀行での定期預金証書等を作成する場合に失敗することがある。こうした仕損じ小切手等は廃棄処分とする慣例が従来どこにでもあった。しかしこの間隙を利用して大きな事件が発生したのである。つまり本来なら廃棄したはずの小切手等が，実は担保等に使用されていたのである。廃棄処分の処理で会計士等はチェックできなかったのである。そこで廃棄処分としないで，仕損じ小切手等はそのまま保管しておくことが重要である。

(5) 受取手形，支払手形の監査

> ★要点★
> 1 受取手形の期日は回収条件通りか。
> 2 為替手形が受取手形に代用されていないか。
> 3 支払手形の発行にチェック機能があるか。
> 4 融通手形が発行される可能性はあるか。
> （注） ひな型5（14頁）参照

① 受取手形の監査

受取手形は会計上の用語で実体は約束手形である。約束手形は支払人が発行する有価証券で，支払相手先と金額および支払期日が記載されている。そこで第一にチェックすることは支払期日が回収条件通りになっているかという点である。相手が少しずつ伸ばしているようなことはないか注意する必要がある。

相手が倒産した場合には，売掛金のような債権としてある場合よりも手形債権のほうが回収が早いといわれているので，回収する立場からは，売掛金の状態で期日に銀行振込として回収するよりは手形で回収したほうが安全度が高いといえる。

② 為替手形の代用

手形を発行する場合には，印紙税法に従い高額の印紙を貼る必要がある。特に取引高が大きくなると印紙税はばかにならない。例えば手形に記載された金額が1億円の場合は印紙税が2万円，5億円ならば10万円，10億円を超えると

第3章　監査役監査の必要項目

20万円という具合である。そこで支払側はこの印紙税を相手に負担させるために，為替手形を約束手形に代えて支払相手に渡すことがある。変則的に為替手形は代金回収の目的で回収側が発行するのに使用される。つまり回収側が発行し支払相手に記載の期日と支払金額を引き受けさせる手形であり，支払いを催促する手形といえる。この場合には回収側が発行するので回収側が印紙を貼ることになっている。この原理を利用して支払側が為替手形を約束手形の代わりに支払先に渡す。支払側は支払金額と期日と引受人の欄に自分を記名押印し，印紙は貼ってこない。また振出人（回収側）もブランクにしてある。この手形を完成させるには，回収側は振出人の所に記名押印し，さらに印紙を貼ることになる。このようなことは力関係で決まることである。

③　支払手形の監査

支払手形は会計上の言葉で実体は約束手形である。同じ約束手形を支払側で発行すれば支払手形と呼ばれ，回収側が受け取れば受取手形と呼ばれる。

支払手形の用紙は取引銀行から購入するのであるが，一般にはまとめて購入する。そこで白紙の手形用紙を誰が何処に保管し，発行するときは二重三重にチェックする機能が必要である。白紙の手形にはいかようにも金額が記載でき，一度記載要件が整えば社会に流通させることが可能であるから，大きなリスクを持っているといえる。しかもたとえ実体のない手形であっても形式要件が整っていて善意の第三者に渡ってしまえば，会社が手形金額を支払うことになるので手形の管理は重要である。

なお融通手形は，相手方と合い通じてお互いに期日と金額の同じ手形を振り出して相手方に渡すものである。同じ期日に同じ金額をお互いに支払うので，とりあえず問題は発生しない。なぜこのようなことをするのかというと，相手方から渡された手形を銀行へ持っていって割り引いてもらい金融をつける手段なのである。もちろん実態がないこのような手形の交換は違法である。相手が倒産したとき相手方から受け取った手形が不渡りとなる危険性をはらんでいる。

まずはこのような実体のない手形が特定の個人で発行できるような組織にしてはいけない。また何らかの間隙をついて不幸にも融通手形が発行されたとき，

回収のもとが何の実体に基づいているのかを注意してみれば意外と発見されそうである。

（6） 重要な稟議書の監査

> ★要点★
> 1 稟議書は稟議規定に合致しているか。
> 2 稟議規定がないときは取締役会規定に合致しているか。
> 3 稟議に関する規定がないときは取締役会議事録を見る。
> （注） ひな型5（14頁）参照

① 稟議書の監査

基本的には稟議規定に基づいて稟議書が作成されているかを監査することになるが，稟議書が規定に基づいていても，重要案件については取締役会の決議を必要とするのでそのあたりにも気を配る必要がある。会社法362条第4項には，重要な財の処分，譲受けや多額の借財等は取締役会の決議事項としているので注意を要するのである。

② 取締役会議事録の監査

稟議規定のない場合は取締役会の議事録から重要案件の決議がなされているか否かの監査を行う。もっとも重要案件を別の資料等から把握しておいて，その案件に該当する取締役会の決議をチェックするような仕方でないとなかなか分かりにくいと思われる。なお利益相反取引や競業取引を決議した場合には事後報告も必要なので注意する必要がある。

（7） 重要な契約書の監査

> ★要点★
> 1 重要な契約は取締役会の決議を経ているか。
> 2 契約書の中に重要な偶発債務条項が含まれていないか。

3 契約書の写しだけで正規の契約書がないことはないか。
（注） ひな型5（14頁）参照

① 重要な契約と取締役会決議

重要な契約で会社法362条第4項に関わるものは取締役会の決議が必要である。以前に代表取締役が行った債務保証契約につき保証した相手が倒産したため，履行を迫られたが取締役会の決議を経ていないために契約自体を無効とする判決を下されたことがあった。重要である基準は金額の大きさによるものが多いと思われるが，その重要度の基準は取締役会規定等に定められているものと思われる。

② 契約書の中の偶発債務条項

契約書はその締結の前段階で法務あるいは顧問弁護士等によって十分検討されているはずであるが，意外に粗雑な検討で細部まで検討されていないケースが想定される。そこで期中に契約書を見ておくのも意味のあることである。契約書の中に将来一定の事項が発生した場合に大きな損害額が生ずることとなっている場合がある。その一定の事項が発生しやすい事項である場合には，今のうち早い段階において予想される損失を最小限にくい止める手だてを検討しておくべきである。

③ 契約書のコピーの監査

正規の契約書が見当たらず写しだけが存在している場合がある。担当に尋ねると今一寸保管場所が分からないので写しを見てくださいなどという。前にも述べたようにコピーを信じてはならず，コピーでチェックするという考え方を持ってはいけない。似たようなケースが過去にあり，コピーが送られてきた。正は別の場所にあるからしばらく待ってほしいという。しかしそのコピーを別の正と何気なく比較してみると，金額こそ異なるが，角印の位置や小さなゴミの点の位置まで酷似している。そこで先方にこれは「にせ」ではないかと問いただした。最初は「にせ」ではないと言い張ったが，結局のところ改ざんしたにせのコピーであった。

第1部　実　務　編

(8) 内部統制の整備状況の監査

> ★要点★
> 1　リスク管理の体制は整備されているか。
> 2　コンプライアンス（遵法）の体制は整備されているか。
> 3　情報の保存および管理の体制は整備されているか。
> 　（注）　ひな型6（16頁）参照

①　内部統制の本質

内部統制は会社法で法制化され近年特別に注目されるテーマとなってきた。遵法に厳格なアメリカで21世紀の初めにワールドコムやエンロンといった大会社に不祥事が発生したことに端を発し，トレッドウェイ委員会の支援組織であるＣＯＳＯが内部統制のフレームワークを公表し，2002年にはサーベンスオクスリー法（企業改革法）が成立した。ＳＥＣ（米国証券取引委員会）登録の米国企業および外国登録企業は同法に準拠し内部統制を実施した。この流れがわが国にも影響して，平成20年4月以降開始の事業年度よりＪ－ＳＯＸ法（日本版企業改革法）が施行されることとなった。その主な狙いは財務報告の信頼性確保にあり，もっと平たくいえば粉飾決算を防止することに他ならない。Ｊ－ＳＯＸ法の対象会社は有価証券提出の上場会社であるが，会計監査人の指導のもと内部統制の構築にはかなり手間ひまをかけているのが実情である。

しかしよく考えてみれば不祥事を発生させないようにどの会社でもそれなりの努力はしてきたのであるから，特別に変わっことをする必要はないともいえる。特に中小会社では一般に余裕が少ないので効率的にすすめる必要がある。要は内部統制の本質は，会社の屋台骨を揺るがすような不祥事を発生させないような仕事の仕組みを作ることであるといえよう。

②　リスクの管理体制

内部統制の最重要課題は重大な企業不祥事を発生させないような仕組みを構築することであるから，まずは会社が抱えているさまざまなリスクを洗い出すことからはじめてみたらいかがであろうか。次に洗い出したリスクをＨＨ，Ｈ，

M，Lの4つに分類する。H＝High，M＝Middle，L＝Lowの意である。この中で恐らくはＨＨ（非常に高いリスク）の項目は全体の5％にも満たないと思われる。そこでＨＨ項目に対し経営資源を集中配分するのである。まずはこうしてＨＨ項目に万全を期しておけば内部統制の第一段階は成功と見てよかろう。

③　コンプライアンスの管理体制

　近代社会は複雑な法律が網の目のように張りめぐらされている。例えを変えてみれば，法律という地雷が半透明の土の中に沢山埋められているともいえる。よく下を見ながら進めば地雷に触れなくて済むが，業績の向上ばかりに目を奪われて上を向いて歩くことに専念すれば，いつか地雷を踏んで会社は爆発することになる。遵法こそ会社が21世紀を生き抜く基本条件なのである。経営者は遵法を片時も忘れてはならないのである。

　最近でも遵法を忘れたために会社が傾き，市場の檜舞台から引き降ろされた経営者が数えきれないほどあり跡を断たない。脱法の恐ろしい結末の事例がどうして他山の石とならないのか不思議でならない。経営哲学がなくとも何とかなった20世紀と違って，21世紀にはしっかりした経営哲学が必要なのである。

④　情報の管理体制

　情報は今日ではかけがえのない財産であり，情報の収集と整理および活用は重要な課題である。と同時に自社の持つ機密情報が外部に流失しては会社に損失を与えることになる。

　情報の適切な管理はリスク管理の一部ともいえるのであるが，今日では電子機器が極度に発達したため特に大きなテーマとして位置づけられよう。

　コスト削減などという場合でも大体のテーマは具体性を持つものが多いが，電子関係のテーマは非常に分かりにくく管理することが難しい。勢い担当者に任せきりにすることが多くなりがちで，そこにまた不祥事の温床が隠れているのである。

　情報は他の面で見ると社内においては流れをよくしておかないと経営に支障をきたす恐れが出てくることがある。

　情報の管理体制は，今日の重要テーマとして取り上げていかなければならな

第1部　実務編

い。

（9）利益相反取引・無償利益供与等の監査

★要点★
1　取締役が利益相反取引を行うには取締役会の事前承認が必要であり，また事後報告も必要である（会356①二，三，365）。
2　取締役が競業取引を行うには取締役会の事前承認が必要であり，また事後報告も必要である（会356①一，365）。
3　株式会社は株主の権利の行使に関し，会社の計算において無償の利益供与を行ってはならない（会120）。
4　親会社，子会社または株主との間で非通例的取引を行ってはならない。
　（注）　ひな型16（33頁）参照

① 当該監査の必要性の経緯

　旧商法施行規則133条には監査役が特に留意して監査を行うように違法性監査の項目が例示列挙されていたが，会社法ではこのような例示はなくなった。しかし法の精神は引き継がれているものと解釈されるので，特に注意すべき監査項目として掲げることにした。

　独立系の中小会社にとっては，親子間の非通例的取引等は存在しないしまた総会屋に対する無償の利益供与等もあり得ない。ただし親会社のある子会社の場合は親の指令で総会屋に無償の利益供与が行われる場合がある。そのようなわけで**ひな型16**は特別監査としたのであり必要がない場合は監査対象から外していただきたい。

② 利益相反取引

　利益相反取引とは「取締役が自己又は第三者のために株式会社と取引をする」（会356①二）場合または「株式会社が取締役の債務を保証することその他取締役以外の者との間において株式会社と当該取締役との利益が相反する取引をする」（会356①三）場合と規定されている。つまり会社と取締役との取引の内容が

利益の相反するものである場合をいう。例えば甲取締役が親会社の代表取締役であり同時に子会社の代表取締役であるとき親子会社の間で，ある取引を行うと親会社に利益を多くすれば子会社の利益が少なくなるようなケース，あるいは会社がある取締役の借入債務の保証をする場合等がある。

　これらの取引を行うには取締役会の承認決議が必要でありまた事後遅滞なく取締役会に結果報告を行う必要がある。ただ取締役会がない会社の場合は株主総会の決議が必要である（会356①）。

　なお取締役の責任は原則として過失責任（会423）であるが，自己の利益のために行った利益相反取引において会社に損害を与えた場合には理由の如何を問わず取締役の賠償責任となる（会428）。いわゆる無過失責任が例外的に生ずるので注意を要するところである。

③　競業取引

　競業取引とは「取締役が自己又は第三者のために株式会社の事業の部類に属する取引をする」（会356①一）場合をいうのであるが，第三者の例としては取締役の妻が経営している会社のような場合が考えられる。次に会社の事業とはその範囲が定款に定められているものを指す。また同一商品を販売する場合でも小売業と卸売業では競合関係にはない。エリアとしては関西と関東では競合関係はないとの説が昔にはあったが，今日では時間空間が短縮されているので競合関係に入ると考えるべきであろう。関東の某会社の取締役が取締役会の決議のないまま会社と同じ商品を関西で会社を創り製造販売し，会社に損害を与えたとして訴訟に持ち込まれ取締役が敗訴したケースがあった。

　したがって，まず競業取引を行うには取締役会の承認が必要となる。さらに取引の結果を遅滞なく取締役会に報告しなければならない。

　なお個別承認か一括承認かの議論があるが，類似取引を繰り返して行うようなケースでは一括承認でもよいといわれている。ただし事後報告は忘れてはいけない。

④　無償の利益供与

　会社法120条で無償の利益供与を禁止している条件は，第一に株主の利益の

行使に関すること，つまり株主総会で難しい質問をするからそれがいやなら金品をよこせといった類のケースでいわゆる総会屋の金品の要求を禁止したものである。この場合購読者の少ない雑誌へ多額の広告料を支払う場合等も該当する。第二は会社または子会社の計算において行うということ，つまり会社の財産の中から支払われるということであり，自分のポケットマネーから支払われることまでは禁止してはいない。

なお上の禁止条項に該当した場合には要求した者および供与した者の双方に3年以下の懲役または300万円以下の罰金が課される。さらに要求者に威迫を伴えば5年以下の懲役または500万円以下の罰金となる（会970）。ここで威迫とは脅迫まではいかない行為といわれているが，いくら要求者が脅かした覚えはないといっても，供与者が脅威を感じたといえば威迫になるので今日ではあからさまな要求はないと思われる。この威迫の条項は要求者にのみあてはまるので供与者には関係がない。

無償の利益供与という場合はこの他に交際費の支出なども該当するので注意したい。ただ一般の交際費は株主の権利行使とは関係がないので議論の対象としないだけのことである。ついでに注意しておきたいことは，相手の名前を明かさない交際費は法人税法で使途秘匿金とされ40％の付加課税を受けるので注意されたい。

⑤　非通例的取引

旧商法ではこの項目も監査の対象として明示されていたのであるが，会社法ではなくしてしまった。ところで親子会社間では利益の操作が行われやすいといわれる。しかし親会社が子会社の犠牲の上に利益を得ても連結すれば，例えば親会社がプラスになれば子会社はマイナスとなり合算して0となるのであまり意味がないのであるが，上場会社である親会社の体裁上いまだ完全にはなくならないようである。また特殊な株主だけに利益を与えるようなことがあれば，株主平等の原則に反することになる。

これらの行為は法が明示していなくとも違法性が問われることは明らかである。

第3章　監査役監査の必要項目

なお親子間の取引等に異常性が見られる場合，法人税の立場からも所得隠蔽のかどで重加算税を課されることがあるので注意を要するところである。

3　期　末　監　査

（1）　計算書類，附属明細書の監査

★要点★
1　貸借対照表・損益計算書の監査
2　株主資本等変動計算書の監査
3　個別注記表の監査
4　附属明細書の監査
（注）　ひな型7，8，9，10（17〜21頁）参照

①　貸借対照表・損益計算書の監査

貸借対照表では，まず会計方針の変更があるか否かの確認からはじまり，勘定科目別に前期と比較して差異の大きなものの内容を調査する。次に現金預金の帳簿残高と残高証明とを照合する。次に売上高や棚卸資産の異常性を監査する。いずれも架空の増加計上により粉飾決算を行うことができる重要ポイントであるからよく監査する。リース資産は今日では固定資産へ計上することが原則であるから注意する。繰延税金資産についてはよく研究する。

損益計算書では貸借対照表と同様に，会計方針の変更，科目別に増減の激しい科目を調査する。次に売上原価の異常性に注目したい。期末棚卸の架空増加により売上原価が過少評価となる場合がある。また特別損益項目があればその理由を把握しておく。

②　株主資本等変動計算書の監査

株主資本等変動計算書は貸借対照表の純資産の部を横書きにして，前期末の純資産から当期末の純資産への変動を記録したものであるから，まず期首の純

第 1 部　実　務　編

資産（前期末の貸借対照表の純資産）と期末の純資産（当期末の貸借対照表の純資産）の数字を確認する。配当を行う場合には分配可能額の範囲内に収まっている必要があり，同時に原則として配当金の10分の1を資本金の4分の1に達するまで法定準備金として積み立てる必要があるので一応はチェックしておく。また当期変動額については変動事由を明らかにするなどに留意することが監査対象となる。

③　個別注記表の監査

個別注記表に関する注記としては，重要な会計方針に関する注記の他株主資本等変動計算書に関する注記および貸借対照表，損益計算書，株主資本等変動計算書により，会社の財産または損益の状況を正確に判断するために必要な事項を記載することになっており，これらを監査する。

④　附属明細書の監査

附属明細書には有形固定資産および無形固定資産の明細，販売費及び一般管理費の明細，引当金の明細，その他貸借対照表，損益計算書，株主資本等変動計算書，個別注記表の内容を補足する重要事項を表示することになっており，これらを監査する。その他競業取引，利益相反取引，無償の利益供与に関して会社法は特に記載を要請していないが，旧商法施行規則133条で監査役に監査を求めていた事項であるので，監査の対象とし附属明細書に記載することとした。

（2）　事業報告，附属明細書の監査

★要点★

1　当該株式会社の重要事項を記載する（施規118①一）。
2　内部統制組織の整備につき決定または決議の内容を記載する（施規118①二）。
3　企業買収防衛に関する決議の内容を記載する（施規127）。
4　附属明細書の監査（施規128）。
（注）　ひな型11（22頁）参照

① 重要事項の記載内容の監査

重要事項の記載に関しては特に規則は明示していないので，各社で必要と思われる事項を開示することになる。ただし計算書類等およびその附属明細書に記載された事項は除かれる。この場合には施行規則120条（公開会社の特則）が参考になると思われる。例えば，当該事業年度における主要な事業内容，設備投資，事業の譲渡，重要な親会社，子会社の状況その他対処すべき課題等があげられる。そしてその記載内容につき監査を行う。

② 内部統制組織整備の監査

内部統制組織の整備については中小会社では取締役会の決議事項として強制はされていない。しかし決議することは一向に差し支えないので，もしも決議していればその内容を記載することになる。会社法はむしろ中小会社においても決議することを期待していると考えられるのである。

③ 企業買収防衛策の監査

企業買収防衛に関して，会社が施行規則127条に即して取締役会において決議を行った場合には，事業報告に記載する。その際には取締役が保身ないし自己防衛のために行ったのではないとの説明が十分にできないと，株主から問題視されることに注意する必要がある。中小会社はそのほとんどが株式に関して非公開であるため基本的には企業買収防衛策を講ずる必要はないであろう。

④ 附属明細書の監査

附属明細書については計算書類の附属明細書と事業報告の附属明細書は省令で区分されている。事業報告の附属明細書については，事業報告の内容を補足する重要な事項を記載するとあるだけで，明示的な内容は定められていない。したがって，会社独自の判断で必要事項を記載することになる。

（3） 監査報告書の作成

★要点★
1 取締役，子会社の取締役，監査役等との意思疎通をはかり情報収集

第1部　実　務　編

> と監査環境の整備につとめる（施規105）。
> 2　事業報告の監査報告書には事業報告とその附属明細書が法令定款に違反せず，取締役に不正や法令違反の重大な事実がないこと，また内部統制構築等に相当でない意見があれば記載する（施規129）。
> 3　計算関係書類に関する監査の方法とその内容，また計算関係書類が財産・損益の状況を適正に表示しているか，会計方針の変更，重要な偶発事象と後発事象および監査報告書の作成日を記載する（計規150）。
> （注）　ひな型14（29頁）参照

①　取締役等との意思疎通

監査報告書作成を行う背景として取締役等との意思疎通をはかり情報収集等を行い監査環境の整備をはからなければならないとしている。

②　監査報告書の内容

監査報告書の内容については事業報告と計算書類とに分かれている。事業報告のほうは，法令定款に違反していない他，取締役に法令定款違反のないこと，内部統制についての意見が求められている。

一方計算書類のほうは，計算書類の適正性と正当な理由に基づく会計方針の変更，重要な偶発事象や偶発事象の記載が求められている。

③　内部統制等の取扱い

中小会社においては内部統制の取締役会での決議は特に要請されていない。しかし会社法348条3項4号にもまた会社法362条4項6号にも，会社の大小，取締役会の有無を問わず内部統制の整備が定められている。したがって，法の精神からすれば内部統制は内容のよしあしは別として検討の上構築し整備していくべきものと考えられる。監査報告書のひな型は内部統制には触れていないが，もし構築したのであれば監査報告書に記述しておいたほうがよい。施行規則129条1項5号には内部統制の内容が相当でない場合に記述を要請しているが，相当であってもその旨を記述するほうがよいと考えられる。

なお企業買収防衛策については，取締役会で決議し事業報告に記載した場合

第3章　監査役監査の必要項目

にはその内容について監査役は意見を監査報告書に記載しなければならない（施規129①六）。

内部統制については取締役会の決議事項として（会326）取り扱われているが，企業買収については触れられていないので内容の重要性からして株主総会の承認事項として扱うべきものと考えられる。

（注）　書式は監査報告書としており日本監査役協会の表題に従ったが，会社法ないし施行規則は一貫して監査報告という言葉を使用しているので注意されたい。

（4）　株主総会口述書の作成

★要点★
　根拠法規＝会社法389条3項
　　　　監査役（会計監査限定）は会計に関する議案等を調査し株主総会に報告しなければならない。
　　cf.　会社法438条3項
　　　　取締役は事業報告の内容を株主総会に報告しなければならない。
　（注）　ひな型15（32頁）参照

　会計監査限定の監査役は会計等の調査結果を株主総会へ報告する義務が規定されており，この規定は旧商法の特例法22条を引き継いだものである。その他で監査役に監査結果等を株主総会へ報告せよといった規定は見当たらない。しかし事業報告が監査役の責任範囲にあること（会436②二），従来の慣習から監査役が監査の経過および結果について株主総会で報告してきたこと等を考慮すれば，監査役がまとめて報告することが穏当であろう。

第2部
基本編

第1章
株式会社の基本構造

1　株式会社の組織

（1）　株式会社成立の絶対条件

★要点★

株式会社の絶対条件＝取締役＋株主総会

　平成18年5月1日に施行された会社法では株式会社を成立させる絶対必要な条件の1つは1人以上の取締役を置くこと（会326）であり，2つ目は一定の時期に株主総会を開催すること（会296）である。旧商法では取締役会（取締役は3人以上必要）と監査役と株主総会が株式会社を成立させる絶対条件であった。しかし有限会社が廃止され株式会社に移行することになったため，有限会社の基本的成立の条件が株式会社成立の最低条件となったのである。有限会社法では取締役会の規定はなく，また監査役は任意に設置できるとされていた。そのような理由から取締役会や監査役は絶対的条件から外されることとなった。

　なお定款の定めにより取締役会，会計参与，監査役，監査役会，会計監査人または委員会（委員会設置会社）を任意に置くことができる（会326②）とされた。結果として株式会社の機関設計は（3）に見るように非常に複雑になり，従来の有限会社型をはじめ中小会社であっても会計監査人を置くことができるなど選択肢は広がった。

（2） 大中小会社と公開会社の定義

> ★要点★
> 大　会　社＝最終事業年度に係る貸借対照表の資本金が5億円以上または
> 　　　　　　負債の額が200億円以上であること（会2①六）。
> 公開会社＝発行株式の一部または全部につき，譲渡する場合に会社の承
> 　　　　　認を要する旨を定款に定めていない会社をいう（会2①五）。

　会社法では大会社の定義だけが存在していて中小会社の定義は存在していない。したがって，会社法の中では中小会社に関する文言はない。大会社の定義における資本金5億円以上，負債総額が200億円以上の金額については旧商法と変わってはいない。しかし大会社以外の株式会社は旧商法の中小会社型から有限会社型まで規模において相当大きな差があり，中小の2区分ぐらいにはしておいたほうが便利であったように思われる。

　次に公開会社は上場会社と同じように思われるが，厳密には上場会社と異なるので注意を要する。つまり公開会社とは株式に譲渡制限（株式を譲渡するとき会社の承認を要する）を設けていない会社をいうのであり上場されていない場合も含まれるのである。

　さらに注意を要することは株式の全部に譲渡制限がない場合に限らず，一部に譲渡制限がなく残りの一部には譲渡制限がある会社の場合でも公開会社と呼ぶことである。

（3） 中小会社の機関設計

> ★要点★
> 　次の9通り
> 1　取締役
> 2　取締役＋監査役[*1]
> 3　取締役＋監査役＋会計監査人

4　取締役会＋会計参与
　5　取締役会＋監査役*1
　6　取締役会＋監査役会
　7　取締役会＋監査役＋会計監査人
　8　取締役会＋監査役会＋会計監査人
　9　取締役会＋三委員会*2＋会計監査人
*1　定款により監査役の権限を会計監査に限定可能
*2　三委員会とは委員会設置会社における指名委員会，報酬委員会，監査委員会を指す。
（注）　上の4以外にも会計参与は任意に設置可能なので厳密には17通りの設定が可能といえる。

　株式会社の機関設計は取締役，取締役会，監査役，監査役会，会計参与，会計監査人の区分の外に公開会社，非公開会社，大会社，非大会社の枠組みがあるため全部で39通りになる。その主な機関設計を記しておく。上記の要点は下記を整理したものである。

Ⅰ　非公開会社，非大会社（中小会社）
　1　取締役
　2　取締役＋監査役*
　3　取締役＋監査役＋会計監査人
　4　取締役会＋会計参与
　5　取締役会＋監査役*
　6　取締役会＋監査役会
　7　取締役会＋監査役＋会計監査人
　8　取締役会＋監査役会＋会計監査人
　9　取締役会＋三委員会＋会計監査人
*　定款の定めにより会計監査限定の監査役とすることができる。

第2部 基本編

Ⅱ　非公開会社，大会社
　　10　取締役＋監査役＋会計監査人
　　11　取締役会＋監査役＋会計監査人
　　12　取締役会＋監査役会＋会計監査人
　　13　取締役会＋三委員会＋会計監査人
Ⅲ　公開会社，非大会社（中小会社）
　　14　取締役会＋監査役
　　15　取締役会＋監査役会
　　16　取締役会＋監査役＋会計監査人
　　17　取締役会＋監査役会＋会計監査人
　　18　取締役会＋三委員会＋会計監査人
Ⅳ　公開会社，大会社
　　19　取締役会＋監査役会＋会計監査人
　　20　取締役会＋三委員会＋会計監査人

　以上のほかに，会計参与を任意にⅠの4を除くどの機関にも設定できるので，全部で39通りの機関設計の選択肢が存在することになる。

　中小会社は要点に示した9通り（厳密には17通り）の場合があるが，現実には取締役会＋監査役（Ⅰの5）の型が圧倒的に多いといわれている。したがって本書はこのパターンを中心にモデルを作成している。

　また，なぜ**要点**の4またはⅠの4の場合だけ会計参与が登場するのかというと，取締役会を設置する場合には監査役を置かければならない（会327②）とされているが，取締役会設置会社で同時に会計参与を置く場合には監査役を置かなくてもよい（会327②ただし書き）とする例外的なケースを加えたからである。

　なおこれらの機関設計の根拠は会社法327条から組み立てられているので，よく分からなくなったら同条文をよく読んでいただきたい。その上で自分の属している会社がどのパターンに入っているのか十分に認識しておくことが大切である。

2 株式会社の基本構造

(1) 株式会社のトライアングル機能

★要点★

株式会社の3つの独立機能
　＝株主総会，取締役（取締役会），監査役（監査役会）
　（注）　委員会設置会社では監査役に相当する機能は監査委員会である（会400）。

　明治32年にわが国で初めて商法ができたとき，株式会社に国家の三権分立（司法，立法，行政の独立）の思想を取り入れ株主総会（立法に相当），取締役（行政に相当），監査役（司法に相当）の3つの機関をそれぞれ独立させて設けた。当初の各機関は完全に独立していて，株主総会はすべての会社の方針や執行内容を決定し，これを受けて取締役が業務を執行した。取締役は一人一人が執行権をもつ執行機関であった。他方，代表取締役を選任して会社の対外的窓口とすることも可能であった。また監査役は取締役の業務の執行を監査する役割を担っていた。このように株主総会，取締役（または取締役会）および監査役（平成5年に大会社に監査役会が設けられた）の独立した3つの機能をトライアングル機能と呼ぶことにした。

　しかし時が経つにつれ世の進歩とともに会社の内容も複雑になり，ほぼ素人の集団に近い株主総会で業務の執行内容等を判断し決定することが困難になってきた。そこで昭和20年（1945年）の商法改正で，株主総会では基本的事項（取締役，監査役の選任や定款の変更あるいは会社の合併等）を決定することとし，取締役会に業務執行の内容の決定および執行を委ねることとした。改正前の代表取締役の選任は任意であったが，改正後は代表取締役の選任が株式会社の必須条件となった。同時に業務の執行権限は代表取締役のみに与えられることになった。

　ただ今日的には特別の場合は監査役を置かないこともできるので，100％す

第2部　基本編

べての株式会社にトライアングル機能が備わっているともいいきれないが，多くの会社は3つの機能によって支えられているのである。

（2）　代表取締役と取締役の差異

> ★要点★
>
> 代表取締役＝執行機関（業務の執行権を持つ）
> 　　　　　　表見代表取締役にも執行権がある（会363）。
> 取　締　役＝執行権はない，ただし取締役会における議決権と他の取締役の監督権および代表取締役の選任・解任権を持つ（会362②）。

　1つの団体における意思あるいは行為を表す権能を持つものを機関と呼んでいるが，取締役会は業務内容等を決定する決議機関であり，その結果を受けて代表取締役が業務の執行を行うので代表取締役は執行機関ということができる。一方で取締役には執行権がなくて，取締役会の構成メンバーであり業務執行等の内容を決議する権限と代表取締役等を監督する権限および代表取締役の選任，解任を行う権限を持っている（会362）。

　決議や監督責任において問題がない場合，平の取締役が株主代表訴訟等で賠償責任を負うことは考えられないが，現実には平の取締役でも賠償責任を負わされるケースが多く見られる。それは多くの場合部長等を兼務しているためである。部長等は代表取締役から執行の一部を委任されているので，兼務取締役は自ら部長として執行に携わり違反等を犯した場合，その執行の監督責任を問われる結果であるといわれている。例えば，取締役総務部長が総会屋に利益供与を行った場合などが該当する。単に総務部長が利益供与を行っても役員でない場合は株主代表訴訟の処罰の対象にはならない。

　また時に見かける営業担当取締役といった役職における担当とは執行を表現する立場であるため，執行権のない平の取締役につけることには違和感があるが実務の世界ではしばしば見られることである。この場合には部長兼務の取締

役と同じ論法で，株主代表訴訟においては責任を追及されると考えられる。

なお表見代表取締役とは一見代表権限があるように見える副社長や専務取締役，常務取締役といった役付取締役を指す言葉であり，これらの地位の取締役は代表取締役と同様に執行責任を負っていると考えてよい（会2①十五業務執行取締役）。

ただし，取締役会を置かない場合，取締役は執行権を有する。この場合でも代表取締役を置く場合は平の取締役に執行権はない（会348，349）。

（3） 代表取締役の権限の限界

★要点★
代表取締役の権限の限界
　次の事項は取締役会の決議を経なければならない（会362④）。
1　重要な財産の処分・譲受け
2　多額の借財（債務保証を含む）
3　支配人等の重要な使用人の選任・解任
4　支店等重要な組織の設置，変更，廃止
5　社債の募集に関する事項
6　内部統制の整備に関する事項（大会社の場合は義務）
7　定款の定めによる取締役の責任免除

代表取締役は業務の執行にあたって単独ですべてを処理できるのかというと，限界があって取締役会の承認を受けないと実行できないケースがある。それは要点に記した7項目である。

特に日常で注意しておかなくてはならない項目は1と2である。過去の例ではT社の子会社がK銀行から融資を受けるにあたり，T社の社長が単独で債務保証を実行し子会社が返済不能に陥ったとき，K銀行はT社に保証の履行を求めた。しかし取締役会の承認を経ていないためT社は履行を拒否し裁判となった。東京地裁はこの債務保証契約を無効とした。裁判はもっと続くのであるが，

要は代表取締役はオールマイティ（全能）ではなく，要点に書かれている内容については取締役会の承認が必要であることを銘記しておく必要がある。一方で融資する側に立てば，取締役会の決議を経ているか否かを取締役会の議事録の写し等を入手して確認しておかなければならない。

会社法362条は代表的な条文であるが，この他にも競業取引や利益相反取引には取締役会の承認を要するとする条文もある（会356, 365）ので注意を要する。

なお内部統制については中小会社ではその構築ないし整備に関して法は強制してはいない。とはいえ会社法の主旨を体して少しでも実行していくことが望ましく，またそれが会社の発展の基盤として有効に作用すると考える哲学を持ちたい。

（4） 監査役の基本的機能と独任制

> ★要点★
>
> 監査役の基本的機能＝取締役および会計参与の職務の執行を監査する（会381）。
>
> 監査役と会社の関係＝民法の委任規定に基づく（会330）。
>
> 監査役の独任制　　＝監査役は自己の意思で行動できる機関（例：会390 ②ただし書き）
>
> 監　査　役　会　＝決議機関（会393）

① 監査役の基本的機能

監査役の基本的な機能は，役員すなわち取締役および会計参与の業務執行の監査であるとされている。ここで監査とは業務のラインの流れを外部から検査あるいは調査することであり，ラインの流れの中で上下の立場から行う監督とは区分される。

また取締役の執行と監査役の監査とは，車の両輪のようなものでどちらが大きくても車は前へ進まない。監査役は取締役の立場をよく理解し，取締役もまた監査役の立場をよく理解することにより，相互に独立した立場で補完するこ

第1章　株式会社の基本構造

とによって会社という車を前進させるのである。相互の理解を深めるためには相互のコミュニケーションを密にすることが大切である。

　もう1つの監査の大きな役割は遵法に問題があり，違法ないしは違法になる恐れがある場合と法律には一応問題がない場合でも会社に重大な損害を与える恐れのある事項に関して会社に諫言することである。

② 監査役と会社との関係

　監査役と会社との関係は委任の規定によるとされている（会330）。また委任の規定は民法に定められており，法律行為の委託と相手方の承諾により成立するとされている（民643）。さらに委任は原則として無償とされているが，役員が報酬を受けているのは有償特約によるためである（民648）。委任はまた一方の意思でいつでも解除できるので（民651），法的には監査役は自由意思でいつでも退任が可能とされている。そうはいっても，株主総会で選任されているので途中で退任する場合には相当の理由を株主総会で説明できるようにしておく必要がある。

③ 監査役の独任制

　監査役は元来少数であり，それぞれの監査役がそれぞれの特徴を生かして監査業務を遂行することで有効性を高めることができる。こうした考え方から監査役は一人一人が自分の考え方に従って行動できるものとされ，各監査役が機関とされている。このことを別表現で監査役の独任制と呼んでいる。ただ条文の中では名文規定はなく，唯一独任制をうかがわせる規定として，会社法390条2項に「監査役は，次に掲げる職務を行う。ただし第三号の決定は監査役の権限の行使を妨げることはできない。」とあるのみで，この他には見当たらない。

④ 監査役会の決議と独任制の矛盾

　監査役会は3人以上の監査役（うち半数以上は社外監査役）で成立し（会335），その決議は全員の過半数をもって行われる（会392）。そこで問題となるのは，決議に反対した監査役の別行動は独任制に従って許されるのかということである。元来多数決は少数意見を封殺する技法であり，少数意見の行動は許されない。しかし独任制をもってすれば可能となる。もし可能とすれば，多数決は意

第2部　基　本　編

味を持たなくなる。これは矛盾である。現実には監査役は知恵を出し合って，問題となっているケースはほとんどないのが実状であろう。

　しかし本質的な矛盾を含んでいるので，やがて大きな問題に直面するケースが出てこないとはいえない。やはり法律的には21世紀中には解決しておくべき問題であろうと考えられる。

第2章 監査役と取締役の権利・義務

1 取締役の権利・義務

(1) 取締役の忠実義務と善管注意義務

> ★要点★
> 忠実義務＝法令・定款，株主総会決議を遵守し忠実に職務を遂行（会355）
> 善管注意義務＝善良な管理者の注意をもって委任事務を処理する義務
> 　　　　　　　（民644）

① 取締役の忠実義務

　取締役の忠実義務は善管注意義務より重く考えられている。取締役は株主より会社経営を付託されており，会社財産の管理運営と収益の向上等の期待に応えなければならない。これらの経営目的を達成するために果たすべき義務が忠実義務である。これを平たくいえば①法令・定款等を守り，②会社の利益のために，③最善を尽くす，ことであるといえよう。今日的には会社は社会の公器ともいわれているところから，社会との関わりにも配慮を怠ってはならず，ＣＳＲ（会社の社会的責任）とかＣＳ（顧客満足）とか種々の社会的要請にも応えていく必要がある。しかし何といっても会社が利益を出さなければ，すべての話ははじまらないのである。その意味において上記の①〜③が基本になるといってもよいのではないか。

② 善管注意義務

　善管注意義務とは民法に規定された委任に関わる概念であって，善良な管理者の注意とは，平均的な普通の人が普通程度の払うべき注意をいっており，特別に必要な注意ではないとするのが基本的な解釈である。その基本的な意味において比較すれば，会社法の忠実義務の方が民法の善管注意義務よりはるかに重い義務であるということができる。しかし一般的には善管注意義務をほぼ忠実義務と同程度の意味に使用しているケースが多く見受けられる。

　いずれにしても基本的な解釈にはかなり大きな意味上の差があることを理解しておくほうがよいと思われるのである。

（2） 取締役会の決議と業務執行の監督

★要点★
取締役の権利・義務1＝取締役会における決議（会362②一）
取締役の権利・義務2＝取締役の業務執行の監督（会362②二）
取締役の権利・義務3＝代表取締役の選任・解任（会362②三）

　取締役は会社法では取締役会の構成メンバーとは限らず，取締役会を設置しないことも一定の条件下で可能となった。そこで会社法362条1項で取締役会はすべての取締役で組織すると規定し，取締役会を設置する場合にはすべての取締役が構成メンバーとなることとした。取締役は平の場合は執行権がないことは前述したが，取締役会における決議と代表取締役の業務執行の監督がその基本的な職務である。

　特に決議においては法令・定款等を遵守する前提を忘れてはならない。また会社法において従来の商法と異なる点は大会社においては内部統制の構築と整備が義務づけられ，取締役はその管理運営の義務を負っていることを認識しなければならない。中小会社では特に義務や強制はないが取締役会を設置しない場合でも内部統制の整備を希求している（会348③四，施規98）。

　また取締役の責任が無過失責任から過失責任に変わった（cf.**第2章　3(1)**）

とはいえ決議に反対しても議事録に異議を止めない場合は賛成と推定する規定（会369⑤）が旧商法から引き継がれており，過失がなくても依然として賛成の重さがあることに注意したい。次に監督責任については，監査役よりも取締役の数のほうが一般的に多く，相互に取締役の執行状況を把握しやすい立場にあることから不祥事の芽や発生を知ることとなった場合，直ちに阻止等の行動に出ることを法は期待している。一方監査役にも通知をして（会357）共同で是正措置を講じる必要がある。今後株主代表訴訟が激しさを増してくることが予想され，行動を起こさない場合でも相当厳しく罰せられる（不作為の罪）と考えて間違いないであろう。

なお代表取締役の選任・解任も取締役会における取締役の職務となっているが，旧商法では解任の事項はなく会社法に新しく登場したものである。

（3） 経営判断の原則の遵守

★要点★
経営判断の原則１＝決議内容が法令・定款に違反していないか。
経営判断の原則２＝決議内容は私利のためのものではないか。
経営判断の原則３＝結論を導く合理的な資料は残されているか。

経営判断の原則は Business Judgement Rule を邦訳したものであるが，米国では100年も前から株主代表訴訟が行われていたといわれており，裁判官は実務慣習の中から判断基準を考え出したのである。訴訟の基となる過去における経済的行為のよしあしの判断は裁判官にとっては専門外で無理なことである。そこで外形的な標準を定めて法令・定款違反をまず問い，次に私利のための行為か否かを問うことにした。この２つがクリアされない場合は有罪と断ずることとし，もしもクリアされた場合には合理的に判断を導いた資料が残されているか否かを問うこととした。決定した当時の資料が揃っていて合理的に判断されたと考えられるときには取締役側の勝訴とするものである。

こうした慣習が経営判断の原則であり，わが国にも影響を与えて，株主代表

訴訟が盛んになりはじめた平成5年前後頃から判決によく見られるようになってきた。

平成10年改正の民事訴訟法では訴訟側に有利な改正が行われたとされているので、被告となる取締役側には不利になるといわれている。したがって、取締役会における決議には法令・定款の違反だけではなく、経営判断の原則の立場に立って検討する必要がある。

特に大事なことは基礎資料の保管である。株主代表訴訟の消滅時効は10年であるから、重要な決定資料は責任の持てる部署で少なくとも10年間は保存しておく必要がある。

昭和の終わり頃起きた株主代表訴訟に福岡魚市場事件があり、子会社への融資や債務保証が潰れそうな子会社に対し行ったものと断じ株主代表訴訟となった事件である。裁判官は取締役側を勝訴としたが、その理由は①積極案（支援する案）、②消極案（支援しない案）、③専門家の意見の三面から検討しており当時の判断として十分な検討を経ているから正しかったということであった。株主代表訴訟等の不測の事態に備え基礎資料の保存は取締役の急務の課題である。

（4） 内部統制整備の遂行

★要点★
内部統制の体制1＝情報の保存・管理の体制（施規98）
内部統制の体制2＝損失の危険管理の体制（施規98）
内部統制の体制3＝経営効率を確保する体制（施規98）
内部統制の体制4＝法令・定款に適合する体制（施規98）
内部統制の体制5＝企業集団の業務適正を確保する体制（施規98）

内部統制の内容は会社法348条を受けて上記の施行規則に記された5項目に具体的な内容が記載されている。前述したように中小会社では内部統制の構築や整備は強制されていない。しかし強制されるかどうかではなく、訴訟社会に強く移行していく昨今の社会情勢の中にあっては実行することが会社にとって

第2章 監査役と取締役の権利・義務

有利なことであるとの認識を持つ必要があるのではなかろうか。

世界的なデファクトスタンダード（事実上の基準）といわれているＣＯＳＯ（The Committee of Sponsoring Organizations of the Treadway Commission）の定義によれば，内部統制とは「事業体の取締役会，経営者およびその他の人員によって実施されるプロセスであり，目的達成に関して合理的な保証を提供するために構築されるものである」としている。その目的とは，①業務の有効性と効率性，②財務報告の信頼性，③適用される法令の遵守であるとする。さらにこれらの目的を達成するには統制環境（経営者の土壌等），リスク評価，統制活動，情報と伝達，監視活動の要素を検討することが重要であるとしている。

わが国会社法ではこれらを要点の5項目に整理したが，ここには財務の信頼性が入っていない。しかし大会社では金融商品取引法により財務報告に係る内部統制（Ｊ－ＳＯＸ法）が20年4月より実施されている。では中小会社はどのようにしていけばよいのか。大会社の傘下にある中小会社は大会社の指示により一定の内部統制が行われると推測されるが，独立系の中小会社は戸惑うことになろう。

思うに内部統制の主眼は会社が大きな不祥事を起こさないこと，大きな粉飾決算を行わないようにすることに要約される。であるとすれば，難しいことは考えずに会社のリスクを洗い出し，洗い出したリスクを重要度Ａ，Ｂ，Ｃ程度にランクづけして，まずは重要度の高いＡグループから不祥事を発生させない手だてを講ずることである。

細かい研究は時間をかけてゆっくりと検討していけばよいと思う。

表記の要点に書かれている，**1情報管理**，**2損失管理**，**4遵法**はすべてリスクの検討の中に包含される。独立系の中小会社では傘下のグループのことは原則的には考慮外であろう。**3**の**経営効率**は日常的に経営者により検討されているので目下の急務の事項ではあるまい。

このように考えて，従来から個別的には検討されてきたリスクの問題をこの機会にまとめて検討することから入れば，大筋の内部統制は第一段階では合格点に達しよう。後は時間をかけてゆっくりと研究し，検討していけばよいと考

第2部 基本編

えている (58頁 (8) ②参照)。

2 監査役の権利・義務

(1) 業務監査権と会計監査権

★要点★
監査役の権限＝監査役は取締役，会計参与の職務の執行を監査する（会381）。
業務監査権と会計監査権＝規模の大小を問わずすべての監査役に付与された。
（注） 旧商法の小会社の監査役の権限は会計監査権のみに限定されていた。
会計監査権限定の特例＝非公開会社（ただし監査役会設置会社，会計監査人設置会社は除く）は定款の定めにより監査役の権限を会計監査に限定できる（会389）。

① 業務監査権と会計監査権

　旧商法では大会社（資本金5億円以上，または期末の負債総額が200億円以上）と中会社（資本金が1億円超かつ5億円未満）の監査役には業務監査権と会計監査権が付与されていた。しかし小会社（資本金が1億円以下）の監査役には会計監査権のみが与えられていた。

　ところで平成18年施行の会社法ではどうであったか。会社法ではいかなる機関設計の会社でも監査役には業務監査権と会計監査権が与えられた。

　これは資本金の額や負債の額にかかわらず，コーポレートガバナンスの強化のためには業務監査権を与えるべきとの考え方によるものであった。しかし小会社の場合には従来どおり会計監査に限定すべきとの意見があり，大会社以外の非公開会社（監査役会設置会社，会計監査人設置会社を除く）に限り定款の定めにより，会計監査に限定することができることとした。このような場合に業務

監査の弱体化が想定されるので，株主の違法行為差止めが容易にできるようにしたり（会360①），一定の条件下で株主に取締役会の招集請求権を与える（会367）などの工夫がなされ旧来よりもガバナンスを強化したのである。

② 違法性監査と妥当性監査

別の監査の側面として違法性の監査を行うのが監査役の職務かあるいは妥当性の監査にも及ぶのかといった議論がある。

ある人は監査役の職務は違法性監査のみで妥当性監査は範囲外であるという。その主張の多くは著しく妥当性を欠く場合は違法性に含まれるのだと考える。では条文はどこかといえば，忠実義務違反に該当し会社法355条違反にあたるという。

しかしすべて忠実義務違反にあてはめなくとも，例えば会社法384条後段には「法令若しくは定款に違反し，又は著しく不当な事項があると認めるときは，その調査の結果を株主総会に報告しなければならない」と定められている。つまり法令・定款違反と著しく不当（妥当性）な場合を区分しているのである。したがって無理に法令違反にすべてを入れなくとも，妥当性を監査する場合があると考える方が自然ではなかろうか。

ただいえることは，監査役が妥当性監査でものを申す場合は，著しく妥当でない場合に限定されるべきであろう。何となればすべての妥当性にものを申すことになれば，取締役の職務と重なってしまい，監査役ではなくなるからである。

（2） 監査役・会計監査人の人事・報酬決定権

★要点★

監査役の人事同意権等

1　取締役による株主総会提出の監査役選任議案には監査役（または監査役会）の同意を要する（会343①）。

2　監査役は取締役に対して監査役選任を株主総会の目的とするよう

第2部 基本編

> 請求ができる（会343②）。
>   3　監査役は取締役に対して監査役選任の議案を株主総会に提出するよう請求ができる（会343②）。
>
> **監査役の報酬決定権**
>   監査役の個人別報酬は監査役の協議により決定する（会387）。
>
> **会計監査人の人事同意権等**
>   1　取締役は株主総会に会計監査人選任議案を提出し，または解任・不再任を総会の目的とする場合には監査役（または監査役会）の同意を要する（会344①）。
>   2　監査役は取締役に対して会計監査人選任議案の提出を請求または会計監査人の選任・解任・不再任を株主総会の目的とする請求ができる（会344②）。
>   3　特殊な場合，監査役が直接に会計監査人を解任することができる（会340）。
>
> **会計監査人の報酬同意権**
>   取締役が会計監査人の報酬を定める場合には監査役（または監査役会）の同意を要する（会399）。

　監査役および会計監査人の人事および報酬の決定に関しては要点に記したように，監査役（または監査役会）の同意が必要である。さらには監査役選任を株主総会の議題とするよう請求ができるほか，監査役の選任議案を株主総会へ提出する請求権まで与えられている。

　一方会計監査人に関しては，選任・解任・不再任のすべてについて取締役が株主総会へ議案を提出するに際しては監査役（または監査役会）の同意をとりつけなければならない。

　さらに監査役に与えられた権限として，会計監査人に職務上の義務違反や非行があった等の場合には株主総会の決議によらないで，直接に監査役（または監査役会）が会計監査人を解任することができることになった。

第2章　監査役と取締役の権利・義務

　このように見てくると，会社法により会社の規模に関わりなく監査役に対して監査役および会計監査人の人事権と報酬権が完全に与えられたのであって，このことはわが国の歴史上極めて画期的なことといわなければならない。

　監査役はこの完全な人事権と報酬権をよい意味で十分に活用すべきである。また会社のトップに対してよくＰＲし理解してもらう努力を惜しんではならない。

　これはまた三権分立（株主総会，取締役，監査役）の法的な支えでもある。法は監査役を支援しその成果を期待しているのであり，監査役は法の期待に沿うよう努力しなければならない。

（3）　取締役との企業不祥事等の相互報告義務

> ★要点★
>
> 取締役から監査役への報告義務
> 　取締役の企業不祥事等を発見したとき直ちに報告する（会357）。
> 　同様に
> 監査役から取締役への報告義務　　　（会382）
> 会計監査人から監査役への報告義務　（会397）
> 執行役から監査委員への報告義務＊　（会419）
> 監査委員から取締役会への報告義務＊（会406）
> 　＊　委員会設置会社の場合

　会社法は執行にあたる取締役や執行役が不祥事を起こした事実または会社に重大な損失を与える恐れのある事実を発見した場合には，取締役，監査役，会計監査人または執行役，監査委員が相互に報告する義務を定めている。この定めは単に情報の共有化をはかるだけではなく，相互に連係することにより適切な解決策等をより迅速にまた有効に導くために設けられたものと考えられる。会社の不祥事が発生したとき，巷でよく監査役は何をしているのかという言葉を耳にするが，その前に取締役は本来の相互監視義務を果たしているのか，ま

た監査役に事件の内容を速やかに報告しているのかが問われるべきである。

取締役のこれらの義務は意外にも理解されていない場合が多いので，監査役は折に触れてこれらの責務を取締役によくＰＲしておく必要があろう。そしてますます訴訟社会に移行していく昨今において，取締役がこれらの基本的責務を果たしていない場合には企業不祥事に関する訴訟事件においては過失責任を問われることになるであろう。

（4） 三様監査の連係

> ★要点★
> 三様監査の連係の必要性
> 　1　監査役は業務監査は強いが会計監査は強くない。
> 　2　会計監査人は会計監査は強いが業務監査は範囲外である。
> 　3　内部監査は情報はあるが取締役の監査に強くない。
> 三者の特性を生かし連係すれば十全の監査になる。

①　監査役監査の特徴

一般に監査役は業務監査には強いが会計監査には強くない。ただ業務監査でも取締役の執行に関しては監査役の監査が一番強い。しかし社内の情報量は内部監査には及ばない。

②　会計監査人監査の特徴

会計監査人は会計のプロであるから，会計に関しては非常に強い。しかし業務に関しては外部にいるため情報量も少なく，また監査の範囲外であるため業務監査は期待できない。

③　内部監査の特徴

内部監査には監査役より員数が多い場合が多々見受けられる。したがって，情報量も多く業務，会計いずれも適切な対応が期待できる。しかし内部監査部門は会社のトップに直結することが多く，したがってトップの不祥事を糾弾することは不可能である。

第 2 章　監査役と取締役の権利・義務

④　三様監査の連係

　監査役による監査，会計監査人による監査，内部監査部門による監査を一般に三様監査と呼んでいるが，上述したようにそれぞれの監査には弱点がある。そこで三者が連係して一体的な監査を行えば，穴の空かない充実した監査の実現が期待できる。

　例えば，内部監査部門が発見したトップの不祥事は監査役の力を借りて解決に向けていく。監査役は例えば昔トップとは上下の関係にあったので進言しにくいとしよう。このとき，会計事象に関係の深い粉飾のような場合であれば，会計士に前面に出てもらい取締役に中止を勧告するといった具合に対応できる。

⑤　監査役と内部監査部門の連係

　監査役と内部監査部門のみの場合には会計監査人に依拠できないため，監査役と内部監査部門のいずれもが業務監査と会計監査を行わなければならず仕事の負担は大変である。それでも二者が連係し分担しあう等の工夫をして対処していくほかない。

　もし税理士等に税務顧問を委任している場合であれば，税理士等に会計の問題点は相談することも考えられる。ともあれこれからの監査役はよく勉強しなければ役割を果たすことができない。

　ましてや内部監査部門がなく監査役 1 人といった場合には，七面八臂(ぴ)の活躍をしなければならない。少なくとも第 2 部に用意した監査調書の内容を研究し最低限の責任を果たしている証跡を残しておきたい。

（5）　監査役が責任を負うとき

> ★要点★
> 　監査役の責任 1 ＝不祥事を知っていて行動を起こさなかったとき
> 　監査役の責任 2 ＝善良な管理者の注意をもってすれば知り得たとき
> 　監査役の責任 3 ＝監査報告書が虚偽記載とされたとき

第2部 基本編

① 監査役の責任（1）

第1型は典型的な責任であり，監査役はとにかく不祥事を知った以上は何らかの行動を起こさなければならない。企業不祥事は現象面から見て3つに分類できる。

その1はすでに発生していて由々しい問題を露呈している場合である。この場合は一刻の猶予も許されない。トップの権力を恐れて勧告すらしないようでは，会社も自分もともに救済することができない。思い切って中止等を勧告することになろう。トップも事の重大さを考え中止と継続を秤量して勧告に従う冷静さを取り戻すはずである。それには不祥事の分析と説得力が必要であり普段からよく勉強しておくことが大切である。

その2は不祥事の発生初期段階である。時間的には早いほどよいに決まってはいるが，気づいている人が少なく火事でいえばボヤの段階で，監査役としても冷静な分析と判断が求められる。大きな問題に発展する可能性を見越したとき，迅速な忠言等をトップに伝える必要がある。

その3は大きな問題が発生しそうな恐れが見えるときである。この段階での判断は大変難しく，特に誤診であった場合にはトップや周囲から不必要なお節介だなどと非難される可能性すらある。したがって，進言が遅れることにもなる。だからこそ普段から取締役や内部監査とのコミュニケーションが必要なわけで，正しい情報の収集能力が問われるところでもある。会社法でいう「会社に著しい損害を及ぼす恐れある事実（例：会社法357条）」という場合は全く発生していない段階では非常に難しい。むしろ発生の初期段階ではないかと考えられるのである。いずれにしても情報等が取締役等の上層部からのものばかりではなく，普段の従業員の会話からあるいは外部の情報からのいずれの情報であっても看過することなく一度は真偽のほどを探り，不祥事をくい止める行動を起こさなければならない。さもなければ後に過失責任（会423）を問われることになる。

② 監査役の責任（2）

監査役はデスクワークに重点を置くことなく，普段から情報の収集にむしろ

重点を置くべきではないかと考えられるのであり，会社の管理職以上が皆認識しているような情報あるいは事実を知らなかったといった場合，不祥事が問題になれば監査役の行動が問われその際に事実等を知らなかったとすれば，いかに情報収集のアンテナが錆びついていたかが問題にされよう。

　会社のごく一部の者が粛々とすすめていた粉飾のような場合であればいざ知らず，管理職以上の人がみな知っていて監査役だけが知らないような場合は職務懈怠を問われ重過失が推定されることになると思われる。

③　監査役の責任（3）

　割合に神経を使っていない監査報告書であるが，これは最も注意を要する書式である。何となれば監査報告書は1年間の監査の集大成と考えられ公表されるので，何か問題があれば修正も言い訳も不可能だからである。会社法429条に「役員等がその職務を行うについて悪意又は重大な過失があったときは，役員等は，これによって第三者に生じた損害を賠償する責任を負う」とあり，同条2項3号に監査報告の重要事項に虚偽の記載または記録のある場合が定められている。

　後発事象や係争中の裁判の進行状況等にはとりわけ神経を使う必要があり，ひな型どおりいつも無神経に監査報告書を作成する習慣だけはなくすように心掛けたいものである。

　訴訟は株主だけでなく債権者等からも起こり得るのであり，特に株主代表訴訟は消滅時効が10年であり，大会社特有のものではなく中小会社でも起こり得るので監査役としては常に一定の緊張感を持って業務を遂行していく心掛けが必要であろう。

第2部 基本編

3 会社法における権限等の主な改正

(1) 取締役の無過失責任から過失責任へ

★要点★
1 取締役の責任＝無過失責任から過失責任へ変わった（会423）。
2 取締役の立証責任＝決議に賛成の場合、過失の有無につき取締役側に立証責任がある。
3 無過失責任の特例＝取締役が自己のために行った取引では過失がない場合でも責任を負う（会356・428）。

① 取締役の過失責任

旧商法266条1項には、取締役が損害賠償責任を負う事例が示されていた。例えば違法配当、利益供与、法令・定款違反の行為を行った場合等である。また同条2項では、違法の決議に賛成した取締役は行為をなしたものと見做すとした。見做すとは行為ありと断定する意味で、この条文が無過失責任の根拠とされていた。つまり過失がなくても同罪とされたのである。しかし、例えば違法配当など全く専門外で知る由もない取締役が賛成したという外形をもって同罪とすることは酷であるとの議論が長く行われていた。

そこで改正会社法ではこの条文を削除したのである。会社法には該当する条文はなく、423条で「取締役、会計参与、監査役、執行役又は会計監査人はその任務を怠ったときは、株式会社に対し、これによって生じた損害を賠償する責任を負う」と規定しているのみで、例示もなくこの条文が過失責任の根拠条文とされている。

② 過失の推定と立証責任

旧商法266条3項には決議に参加して反対しても、議事録に異議を止めなければ賛成と推定するとある。ここで賛成とは行為あることと同義であり、推定とは一応嫌疑をかけるが反証により覆すことも可能とする意味である。この

条文は会社法では369条5項に引き継がれている。

一般に取締役は賛成した限り、訴訟問題等が発生した場合には行為ありとの嫌疑がかけられ、自ら過失のないことあるいは軽過失であることなどの立証を行う責任が生じることになる。過失責任といっても、このように無過失等の立証責任が取締役側に残されていることを承知しておく必要がある。

③ 唯一の無過失責任

要点にも記載されているが、取締役が自己の利益の目的で行った取引では、損害を会社側に与えた原因がたとえ自分の過失とは関係ない場合であっても、損害賠償の責任を負うことになっている。このケースが唯一の無過失責任といわれている。

競業取引や利益相反取引を行うには取締役会の承認（会365）または株主総会の承認（会356）が必要であるが、損害が生じた場合には賛成した取締役にも任務懈怠が推定される（会423③）。なお取締役が賠償責任を負うこととなった場合の責任軽減規定は旧商法から引き継がれまた一部は新設された（（2）参照）。

（2） 社外取締役等に責任限定契約

> ★要点★
> 責任限定契約＝社外取締役，社外監査役，会計参与，会計監査人との間に定款で定めた額と最低責任限度額（下記②参照）とのいずれか高い額を賠償限度とする契約を結ぶことが定款の定めで可能となった（会427）。

① 責任限定契約

過失責任により生じた賠償責任は総株主の同意がなければ免除できないとされているが（会424），社外取締役等（要点参照）について善意または軽過失の場合定款に定めることを条件に，あらかじめ定めた額と最低責任限度額といずれか高い額を賠償の限度とする契約を，会社と社外取締役等との間で締結することが可能となった。

第2部 基本編

訴訟がますます激しくなる昨今，社外取締役等に就任を依頼するにあたり賠償責任を限定して招請を容易にするようにしたものである。

② 責任の一部免除

善意で軽過失のとき，責任の一部を株主総会の特別決議（会309②八）で免除することができる。これは旧商法から引き継がれた規定である。その骨子は次のとおりである。

最高免除額＝賠償すべき額－最低責任限度額＊

＊ { 代表取締役，代表執行役：年収の6年分
取締役，執行役：年収の4年分
社外取締役，会計参与，監査役，会計監査人：年収の2年分 }

③ 取締役会等による一部免除

取締役会の決議または取締役会設置会社でない場合は取締役の過半数により，②の責任の一部免除をすることができる旨を定款に定めることができる。ただし総株主の議決権の3％以上を有する株主が異議を述べたときは免除することができない（会426）。

（3） 監査役の監査役・会計監査人選任の同意権等

★要点★

1　監査役の同意権＝取締役は監査役・会計監査人を選任する議案を株主総会へ提出するにあたり監査役の過半数の同意を得なければならない（会343）。

2　選任の目的請求権＝監査役は取締役に対し監査役選任を株主総会の目的とする請求ができる（会343②）。

3　選任議案提出請求権
　　　＝監査役は取締役に対し監査役選任議案を株主総会へ提出する請求ができる（会343②）。

旧商法では要点に記載された権利は大会社の監査役にのみ与えられた権利で

あった。しかし改正会社法では会社の規模を問わず監査役に要点の権利が与えられることになった。

会社法により監査役の人事権はすべての監査役に付与されたことになる。監査役に関する人事権は完全に監査役に帰属したことになる。

（4） 監査役の監査役・会計監査人報酬の同意権等

> ★要点★
> 1 監査役の報酬決定権＝監査役の報酬等は定款または株主総会で定める。ただし個別報酬が定款または株主総会の定めにないときは監査役の協議で決める（会387）。
> 2 会計監査人の報酬同意権
>   ＝会計監査人の報酬を定める場合には監査役（2人以上の場合は過半数）または監査役会の同意を得なければならない（会399）。

① 監査役の報酬決定権

監査役の報酬の決定については，旧商法から取締役の報酬とは区分された規定があった。会社法においても同様に引き継がれており，特に変化はないが監査役の報酬決定権が完全に監査役に帰属した認識を新たにするために，会計監査人の新規定と併記することとした。ここに協議とは監査役全員の同意を含む決定を意味するので過半数の決議とは区別されることに留意したい。

② 会計監査人の報酬同意権

旧商法では会計監査人の報酬決定権は取締役側にあった。しかし会社法では会計監査人の独立性を高めるために，監査役の同意権を付与した。なお会計監査人を組み込む機関設計は大会社以外の中小会社でも任意に可能であることから，会計監査人の報酬に関する同意権は大会社に限らずすべての規模の会社の監査役に与えられることとなった。監査役は業務執行を行っていないために監

査報酬の決定権までは付与していないということであるが、同意がなければ決定できないので実質的には決定権を持っていることと変わらない。

このようにして監査役および会計監査人の報酬の決定は監査役に完全に帰属したといってよいのではないか。

（5） 非公開会社の監査役の任期伸長

> ★要点★
> 1　監査役の任期は原則4年（会336）
> 2　非公開会社の場合は定款の定めにより10年まで任期を伸長することができる（会336②）。

監査役を設置する株式会社においては、監査役の任期は原則として4年であるが、非公開会社においては定款の定めにより10年まで伸長することができることになった。旧有限会社法では監査役の設置は任意であり任期についての定めはなかった。こうした点を勘案して任期を10年まで伸長したものと推測される。

（6） 予備監査役の規定化

> ★要点★
> 法律若しくは定款で定めた監査役の定員を欠く場合に備え株主総会で予備の監査役を選任することができる（会329、施規96）。

監査役会設置会社における監査役の人数は3名以上（うち社外監査役は半数以上）となっており（会335③）、それ以外の監査役設置会社では1名以上の監査役を置くことになるが、何らかの事由で監査役が法定人員を欠くこととなる場合がある。法定人員を欠いた場合には急遽臨時株主総会を開催して新監査役を選任するか、裁判所に申し出て一時監査役を選任してもらう必要がある（会346②）。しかしこれはいかにも慌ただしいし臨時株主総会には手間も金もかかる。

そこで会社法ではまさかのときのために，あらかじめ株主総会で予備監査役を選任できることとした。万が一，期中にアクシデントにより予備監査役が正規の監査役に就任した場合，何ら制限のない場合は就任後4年間が任期となるが，定款に定めを置くことにより前任者の残りの任期とすることもできる（会336③）。

なお，施行規則96条により株主総会に予備監査役選任の議案を提出する場合には，監査役候補者の氏名，または補欠の社外監査役である旨等を記載する必要がある。また定款に定めがない場合の決議された予備監査役決議の有効期間は1年とされている（施規96③）。

4 会社法におけるその他の主な改正

（1） 株主総会の招集通知発送日の短縮

★要点★
　株主総会の招集通知発送日（会299）
　1　公　開　会　社＝株主総会の2週間前まで
　2　非 公 開 会 社＝株主総会の1週間前まで
　3　取締役会非設置会社＝株主総会の1週間前まで，定款で短縮可

旧商法では招集通知の発送は原則として株主総会の2週間前までとされ，定款をもって1週間前とすることができた（商232）。また有限会社では社員総会の1週間前までを原則とし，定款をもってその期間の短縮が可能であった（限36）。これらの経緯を考慮して会社法では招集通知の発送は公開会社では2週間前，非公開会社では1週間前までとし，取締役会を設置しない小会社では連絡が簡単にとれるので定款をもって1週間前よりもさらに短縮することができることとした（会299①）。

第2部 基本編

(2) 株主招集地の制限撤廃

> ★要点★
>
> 株主招集地の制限は撤廃された。

　旧商法233条に株主総会の招集地は定款に別段の定めを置く以外には本社またはその隣接地とすることを要すとしていた。

　しかし実情は本店の所在地以外の株主に便利な場所を選ぶ傾向が強くなってきていた。そこでこの条文は撤廃されたのである。

　ただ従来の流れを考えると，定款により適宜に規制をかけることもできるので，株主を無視した僻地で開催するなどの脱線を防止する手だては残されている。仮に株主の平等性を阻害するような招集地を選択すれば手続きの著しい不公正のケースとして総会の決議取消という手段をとる道もあり（会831），特別に心配することはないと考えられる。

(3) 社外取締役，社外監査役の登記の取扱い

> ★要点★
>
> 1　社外取締役，社外監査役は原則として登記は不要
> 2　ただし法律効果の及ぶ場合は登記が必要（会911）

　社外取締役は旧商法では登記を必要とした。しかし中小会社において社外取締役の要件を満たしながら登記をしていない場合が多く発生しており，現状と法制がマッチしなくなったために社外取締役は登記の対象から外したといわれている。社外監査役については従来から登記の対象ではなかった。ただし例えば特別取締役制度を採用する場合には社外取締役を1名以上置かなければならない（会373），あるいは監査役会設置会社の場合には3名以上の監査役が必要でその半数以上が社外監査役であることを要する（会335）等のように，法律効果に結びつく場合には登記を要することとされ，会社法911条に必要な場合がすべて規定されている。

（4） 特別取締役制度の創設

★要点★
　取締役会で３名以上の特別取締役を選任し会社法362条４項１号（重要財産の処分および譲受け）および２号（多額の借財）に関する決議（多数決）を行う。
〔条件〕
　1　取締役会設置会社（委員会設置会社を除く）であること
　2　全体の取締役の数が６名以上であること
　3　取締役のうち１名以上が社外取締役であること

　旧商法には重要財産委員会という制度があり，同じように重要財産の処分等や多額の借財の決議を行うとされていたが，委員会での決議が取締役会から委任を受けたものか否かが外形的には判別がつかないことや，取締役全体が10名以上としているのは取締役の人数を減少させる傾向から見て無理がある等々の理由で，この委員会制度を採用した会社は非常に少数であった。そこでこの制度を検討し独立機関の点や10名の人数の点を中心に見直しを行った。その結果会社法では従来のような独立機関ではなく取締役会の決議要件（会369）の特則とした（373）。したがって，従来の委員会のように委任を受けたかどうかの疑いがなくなり，機動性を増すことが期待されている。

（5） 取締役の解任決議要件の変更

★要点★
　1　取締役の解任決議要件は普通決議に緩和された（会341）。
　2　累積投票制度により選任された取締役解任は従来どおり特別決議による（会309②七，342⑥）。

　取締役の解任については旧商法257条，343条等により特別決議とされていた。一方有限会社の場合には普通決議によることと規定されていた（限32）。会社法

ではこれらの事情を勘案して取締役の解任決議は普通決議で足りるとした（会341）。

他方1株（または1単位株）につき取締役の候補者の数だけ議決権を与え少数派の取締役を当選させやすくする，いわゆる累積投票により選任された取締役の解任については特別決議によるとしたが（会342⑥），これは従来と変わっていない。

ちなみに監査役の場合は重要な立場を考慮して従来と同様の特別決議のままとした（会343④，309⑨七）。

なお決議の要件については定款で加重することができるようになっている（会341，309②）。

（6） 内部統制構築等の取締役会決議

★要点★

〔非公開会社の場合〕
1　取締役は内部統制構築等を過半数で決定する（会348）。
2　大会社の取締役は内部統制構築等を過半数で決定しなければならない（会348④）。

〔公開会社の場合〕
3　取締役会は内部統制構築等を過半数で決定する（会362④六）。
4　大会社の取締役会は内部統制構築等を過半数で決定しなければならない（会362⑤）。

会社法では内部統制の整備（構築・運用・整備）を取締役の基本的課題として規定した。それは米国におけるエンロンやワールドコムといった大会社の不祥事に対応したサーベンスオクスリー法（企業改革法）の影響によるところが大きいと考えられる。

いずれにしても公開，非公開を問わず大会社の取締役（または取締役会）には内部統制の構築等が義務づけられている。中小会社では義務づけがないと考え

何もしなくてよいのかといえば，そうではあるまい。大会社のグループに所属する中小会社では親会社との関連で好むと好まざるとに関わらず内部統制の構築等への参画を余儀なくされるであろう。しかし独立系の中小会社でも法の精神を汲み取り，この機会に自社の内部統制を考えるべきではないかと思う。

なお会社法施行規則98条および100条には具体的な内部統制の実行内容が記載されている。①情報の保存管理体制，②損失危険の管理体制，③取締役の効率的執行体制，④法令定款の遵法体制，⑤企業グループの適正業務の確保体制，その他100条では監査役の監査の実効性を確保する体制等がその内容である。また財務報告の信頼性に関しては金融商品取引法に規定があり，一般にJ－SOX法などと称され平成20年4月1日開始の事業年度より施行されている。

（7） 計算書類等の提出期限の廃止

★要点★

1 計算書類等の提出期限は廃止された。
2 会計監査人を設置しない株式会社の場合
　特定監査役から特定取締役へ監査報告の内容を下記の期限までに通知する（計規152）。
　① 計算書類受領日から4週間経過した日
　② 附属明細書受領日から1週間経過した日　　の中で最も遅い日
　③ 特定監査役と特定取締役の合意した日
cf 1. 特定取締役＝計算書類作成の職務を行った取締役または監査報告
　　　　の通知を受ける取締役
　　　特定監査役＝監査報告の通知をすべき監査役
　　　特定取締役等は必ずしも定めなくてもよい。

旧商法では計算書類を大会社では8週間前，中会社では7週間前，小会社では5週間前までに監査役（大会社では会計監査人も含む）に提出しなければならず，またその附属明細書を大，中会社では計算書類提出後3週間以内に，小会

第2部 基本編

社では2週間以内に提出することとなっていた。しかし計算書類等の提出期限を限定することは事務処理と株主総会の開催にはむしろよい影響を与えていないと判断されたふしがある。すなわち提出期限を流動的にすれば，例えばもっと早く提出できれば，準じて株主総会を早めることができるなど，機動的に作業が流れると考えられた。そこで提出期限は廃止となり会社の自由裁量に任されることとなった。後の監査報告書を提出する業務の流れは計算書類規則152条に記載されており要点に書かれた内容以外に大会社についても記載されているので必要に応じて見ていただきたい。

（8） 会計限定の監査役設置会社のコーポレートガバナンス

★要点★
1　株主の違法行為差止請求権の行使要件緩和（会360）
2　株主による取締役会招集請求権の創設（会367）
3　会計監査人や会計参与の任意設定が可能（会326，374）等々

　会社法389条によれば非公開会社で監査役会設置会社または会計監査人設置会社でない場合には，会計監査のみに限定した監査役を置くことができる。あるいは監査役を置かない場合の機関設計も考えられる。これらに該当するケースでは会社の業務監査等がおろそかになる危険性がある。そこで会社法はこのような場合を想定し，要点に示したように株主に種々の権限を与え業務執行の監督を期待した。会社法360条では違法行為差止請求権の行使要件として6か月前より引き続き株主であることが原則であるが，非公開会社の株主の場合は株主であればよく，6か月の期限を緩和した。また，会社法360条では取締役会設置会社の株主は取締役の違法行為に対しあるいは違法行為を行う恐れあるとき，取締役会の招集を請求できることとした。その他会計監査人や会計参与の任意設置が可能となったが，基本的には取締役が本来の業務監督権を生かして業務監査に代わる機能を果たすことが重要ではないかと考えられる。

　なお会計監査のみを行う監査役を置く会社を会社法では監査役設置会社とは

よばないことに注意されたい（会2①九）。

（9） 利益処分案の廃止と賞与の取扱い

★要点★
1　株主総会議案の利益処分案廃止
2　賞与は報酬の一部となった（会361）

① 利益処分案の廃止

利益処分案には役員賞与，配当，法定準備金積立，別途積立金等の議案が盛り込まれていたが，賞与は報酬に含まれることとなり，配当は剰余金から行われることとなったので，利益処分案の存在理由がなくなってしまった。そこで利益処分案は廃止となったのである。

② 賞与は報酬の一部

賞与は旧商法では利益をベースに行うものとされていたが，会社法では報酬に組み込まれた（会361）。そこで株主総会で決議された報酬の枠内であれば，一般の報酬と同様に取締役会で決議することが可能となった。しかしかなり多くの会社は役員賞与は特別な報酬であるから，株主総会の議題とし株主の賛同を得ておこうとする傾向が見受けられる。この場合の議題は個別の議題となる。

なお，旧商法の時代と異なり会計処理は期末に未払を計上し，総会の対象となる決算期の費用として処理する必要がある。

〔会計処理〕
（決算日）　役員賞与引当金繰入　　×××　　役員賞与引当金　×××
（支給日）　役員賞与引当金　　　　×××　　現　金　預　金　×××

第2部 基本編

(10) 配当の取扱いの変化

> ★要点★
> 1 配当は剰余金をベースに随時行える（会453）。
> 2 配当は分配可能額の範囲内になければならない（会461）。

① 配当の基本的取扱い

　配当のベースは剰余金であるが，従来の利益とは異なる。剰余金の定義は会社法446条にあるが，その骨格は同条1項1号にある。この中身は同号ニの法務省令（計規177）を含めてまとめると，「その他の利益剰余金」と「その他の資本剰余金」が残るのである。そして2号以下は特別な項目であるから，配当原資は「その他の利益剰余金」プラス「その他の資本剰余金」ということになる。つまり配当の原資は従来の利益や繰越利益を含んだ「その他の利益剰余金」の他に株主の出資等の蓄えである「その他の資本剰余金」が加えられたので株主の蓄えともいえる純資産の一部からも何時でも配当ができることになったのである（会453）。従来のように多くて期末と中間配当の2回というのではなく，例えば年に4回配当することも可能となったのである。

② 配当の制限

　配当を実施するにおいては，分配可能額（昔の配当可能利益に相当）を超えて行ってはならない（会461）。分配可能額は同461条2項に規定されており，剰余金の額がベースとなっていて自己株式や「のれん」等を調整した額である。

③ 配当方針の変化

　配当に関する指標として配当性向（配当額／利益）が従来では代表的例とされてきたが，最近では会社法の考え方に合わせるように，配当純資産倍率（配当額／純資産）の考え方を配当性向と併せて配当方針とする会社が増加してきた。例えば「当社の配当に関する基本方針は配当性向30％と配当純資産倍率2％のいずれか高い金額とします」といったケースが増えつつある。株主還元の考え方が大きくふくらんできた感がある。

④ 配当の特別な取扱い

第2章　監査役と取締役の権利・義務

　配当は原則として株主総会の決議事項であるが（会454），取締役の任期が1年であり，同時に会計監査人設置会社でかつ監査役会設置会社である場合には，定款の定めにより取締役会の決議限りで配当を行うことができるとする規定がある（会459）。なお会社法458条によれば，株式会社の純資産額が300万円を下回る場合には配当ができないので注意を要する。

第3章 株主代表訴訟と監査役の役割

1 株主代表訴訟の基本事項

(1) 株主代表訴訟の意義

★要点★
1. 株主代表訴訟とは株主が会社に代わり会社に損害を与えた取締役に損害賠償請求をするよう監査役に請求し，もしも監査役が提訴しない場合には株主が提訴することをいう（会847）。
2. 6か月（定款で定めたこれを下回る期間）前より継続している株主は役員等の会社に与えた損害額を賠償する訴えを提起するよう監査役に請求できる（会847）。

① 株主代表訴訟の主旨

　取締役が会社に損害を与えた場合には，その損害額を会社に賠償することは当然と考えられ，他の取締役が損害を与えた取締役に対し賠償を促す義務があるが（忠実義務），取締役が会社のために行った行為の結果であったり，同じ仲間で訴えにくい等が考えられるので株主にも訴訟の権利を与えることにした制度である。

　平成5年の商法改正前は訴訟の額に応じて印紙を貼ることになっていたが，改正後は8,200円で訴額の大きさに関わりなく訴訟ができるようになった。現

在では印紙代は13,000円に改められている。なお非公開会社の場合は6か月前の条件は外され，単に株主であればよい。

② 株主代表訴訟ができない場合

なお株主の所有株数は1株でも6か月前より所有していれば訴訟を提起できるのであるが，単元株制度を採用している場合において単元未満株式につき定款で株主代表訴訟権を付与しない定めがあるときには提訴できないことになっている（会847）。

また総会屋が裏で金銭を要求する目的で代表訴訟を起こす場合のように不正の利益を目的としたり，会社の信用を傷つけるような目的で訴訟を起こす場合には代表訴訟はできない。つまり代表訴訟を起こしても却下される（会847①ただし書き）。

（2） 代表訴訟における監査役の会社代表

> ★要点★
> 1 監査役設置会社と取締役の間で訴えを提起する場合は監査役が会社を代表する（会383）。
> 2 監査役非設置会社と取締役の間で訴えを提起する場合は株主総会で代表する者を定めることができる（会353）。

① 監査役設置会社の場合

監査役設置会社（会2①九）において会社が取締役を訴えまた取締役が会社を訴える場合には中立の立場にある監査役が会社を代表することになっている。したがって，株主代表訴訟において株主が提訴の請求を行うにはまず監査役に対して行われる。

② 監査役非設置会社の場合

監査役が設置されていても会計監査のみに特化した監査役を置く場合（会389，2①九）および監査役を全く置かない場合には，基本的には株主からの提訴請求は代表取締役に対して行われるのであるが（会349），株主総会で会社の

代表を定めてもよい。

(3) 株主の提訴請求後の60日考慮期間

★要点★
1　株主がまず監査役に提訴するよう請求する。
2　監査役は60日間検討し提訴するか否かを決める。
3　監査役が提訴しない場合株主が提訴する（会847）。

① 60日の考慮期間

監査役は60日の考慮期間に検討はかなりできると考えられるので，従来の30日の場合のように時間が足りず検討が不十分なため提訴しないなどとの不提訴理由が成り立たない。提訴しない場合は相当の理由を用意しておく必要がある。

② 株主は60日経過後提訴が可能

株主は監査役が60日間の検討を行い提訴しないことが判明した後にはじめて提訴することができる（会847③）。ただし60日の考慮期間の間に会社に回復できないような損害が生ずる恐れのある場合には，株主は60日の考慮期間を待たずに直ちに提訴することができるとされている（会847⑤）。

(4) 株主の要請による不提訴理由書の提出

★要点★
　提訴請求をした株主から不提訴の理由を求められた場合は書面等で遅滞なく返答する（会847）。

株主が提訴請求をしているとき，監査役が提訴に踏み切らないのは何故か。株主は当然疑問に思い不提訴の理由を尋ねてくる場合が想定される。もし理由の問い合わせがある場合には書面等で提訴請求をしてきた株主に遅滞なく返答をしなければならないとされている。

　なお書面によらない場合は，施行規則218条に従い電磁的方法によることに

> ① 株式会社が行った調査の内容（判断の基礎資料を含む）
> ② 請求対象者の責任または義務の有無についての判断
> ③ 請求対象者の責任または義務があると判断した場合において、訴訟を提起しないときはその理由

（5） 消滅時効と遺族への波及

> ★要点★
> 1 損害賠償責任を提訴できる期間は10年間である（民167：一般債権の消滅時効）。
> 2 本人が死亡していれば判決内容は遺族に及ぶ。
> 3 対応策は限定承認（民922～927）

① 株主代表訴訟の提訴期間は10年

株主代表訴訟ができるのは提訴の事由が発生してから10年の間とされている。株主代表訴訟には民法の一般債権の消滅時効が適用され10年間といわれている。したがって、取締役等が退任してからも10年間は完全に無罪放免にはならないのである。今日では取締役、会計参与、監査役、執行役および会計監査人が株主代表訴訟の対象となっており（会423，847），会社の役員や会計監査人には非常に重い責任が課されているのである。

② 損害賠償責任は遺族に及ぶ

株主代表訴訟が行われた場合、訴訟の進行中に提訴されている本人が死亡したり、または本人の死亡後に代表訴訟が提起される場合がある。このような場合に損害賠償の判決が下されたとき判決内容は遺族に引き継がれる。この一事を見ても役員等の責任の重大さがよくわかるのである。

本人が死亡して相続が行われる場合には、死亡時点での相続財産を相続することになるのであるが、その背景には以降発生する正の財産（別の遺産が出てき

た等）または負の財産（遺族の知らない借金が出てきた等）のすべての財産を包括的に相続することが含まれているのである（民920）。

したがって相続する場合には，本人が死亡する前から隠された借金等がないか本人に十分確認しておく必要がある。

③ 対応策は限定承認

賠償責任が遺族に及ぶ場合をどう防ぐのか，ある人は一般にいわれる相続放棄を行えばよいという。しかし相続放棄は本人の死亡後3か月以内に手続をする必要があるので，本人の死亡後かなりの時の経過後に起こされた代表訴訟の結果には対応できない。すでに相続が終了しているからである。もちろん訴訟の進行中に死亡すれば間に合うのであるが，訴訟判決の結果を見ないと賠償額より相続額のほうが大きいのか小さいのか分からない。このように間に合う場合でも相続放棄の決断が難しいことがあり得る。

そこで現在考えられる唯一の対応策は限定承認の手続をとることが最良といわれている。ところで限定承認とは相続した財産を限度として将来発生した場合の負の相続財産に対応することを前もって承認しておく法定手続をいう（民922）。

限定承認の手続は本人の死亡後3か月以内に行われなければならない（民915）。ただ面倒なことはこれ以外に相続人が複数いる場合には相続人全員の承諾が必要なことである（民923）。

本人が死亡したとき代表訴訟の進行中である場合，早々と万一のことを心配して相続放棄の手続をとったとする。ところが後の判決は取締役側の勝訴であったとすれば，相続しておくべきであったと悔やまれる。これらをすべて包括考慮して限定承認にしておけば万一敗訴の場合であっても相続財産が0以下にはならないので納得できるというものであろう。

第2部 基本編

2　株主代表訴訟の最近の傾向

（1）　アンビューランスチェーサーの波及

★要点★
1　訴訟が金儲けの手段になってきた。
2　社会が不正等に過敏に反応するようになった。
3　競争がグローバル化し悪い製品，サービスは排除される。
4　法律が複雑化し罰則が強化される傾向にある。

①　訴訟を金儲けの手段に

アメリカで救急車をアンビューランスというが，救急車が走るとその後を弁護士の車が追いかけるという。目的は事故に遭った人に話を聞き出し訴訟の種はないかを見つけ出すためだという。

こんな話を聞いてからしばらく時間が経ったが，わが国でもこのような傾向は年を追って強くなりつつある。

「仕事がなければ代表訴訟でも探すか」こんな会話が密かに弁護士の間で話されているとも聞く。株主代表訴訟の場合はすでに判決が下されていることも多く，その判決をベースに勝訴になるか否かを検討すれば見通しは立てやすい。しかも訴訟に必要な印紙代はたかが13,000円である。弁護士が株主でなくとも，株主を探し出し株主に代わって訴訟に踏み切ることも可能である。今日訴えられる側が不利になると考えられるのは，訴訟側が決して素人ではなくプロの弁護士が多いからだともいわれている。

訴訟が日常化し金を稼ぐ手段に使われる傾向にある昨今，会社としては法務の体制を充実化して足元を強化していくために，経営資源の重点配分を行う必要がある。

②　社会が不正等に鋭敏に反応

今日は価値の多様化と選択肢の多岐化の時代といえるが情報を共有化するの

に時間差がなくなっている時代でもある。

　したがって事件が発生すると一斉にマスコミに報道され，しかも事実関係だけでなくそこに批評や意見等が加えられ，あっという間に世論らしきものが形成される。すると社会全体が敏感に反応する結果を生み出し，製品や商品であれば一斉にボイコットに走るし，金融市場のような場合は一斉に売りに回り株価が必要以上に急落したりする。一方向に向かう社会の敏感な行動が一瞬にして会社を倒産に導くようなケースが跡を絶たない。

　もちろん社会の鋭敏な行動を批判する前に事件を起こした会社が非難されるべきではあるが，価値の多様化などは風前の灯火のようなところがある。日本の文化は異質なものや多様なものを排除してきた歴史があり，そのDNAがしっかりと受け継がれているように思われるので余計に一斉行動に向かう傾向が強いと考えられる。とにかく一度つまずくと二度と立ち上がれないような打撃を受けることがあるので，他社で起こった事例を他山の石とし当社では大丈夫かよく点検し必要があれば間髪をいれずに改善等を実施するなど危機管理に意を注ぐことが肝要と考えられる。

③　競争のグローバル化と品質の向上

　企業の競争は国内だけでなく全世界を相手に繰り広げられている。このように困難な時代は今までに体験したことがない。

　今日の競争は頭脳とその実現力の競争であって，ごまかしや相手を詐術で陥れる程度の技では長い繁栄や成功はおぼつかない。たえず研鑽を重ね人より一歩先を，他社よりも一歩先を歩みしかも顧客に可能な限りの満足を与え続けなければならない。

　このような哲学を持たない限り21世紀を生き抜くことは不可能なのである。それはきれいごとではなくグローバル・メガコンペティション（世界的大競争）から当然に導かれる帰結なのである。したがってそれは物の品質もサービスの品質も最上を目指すことを意味しており，他方ではできる限りコストを下げることを意味することに他ならない。

　外見から見て分からないはずであると顧客を欺く商法は必ずや鉄槌が下され

④ 法律の複雑化と罰則の強化傾向

今日ほど法律が複雑化し多岐にわたっている時代はなく，企業がつまずきやすい時代はない。

しかも企業の不祥事は跡を絶たない。そこで欧米などでも罰則を強化したり司法取引など一見非合理と思われるような工夫がなされている。それは事件の事実の解明と同時に不祥事を起こすことが割に合わない結果になることを民衆に思い知らせるためだと思われる。

法律の重罰化は犯罪の抑止力として機能させるためのものにほかならないのであるが，重罰をあらかじめ知っておくことによって犯罪を思い止まらせる効果があれば本人にも会社にも幸せなことである。例えば株式を発行するとき開示される書類に虚偽記載があれば，現行の金融商品取引法では募集または売出総額の1％（株式は2％）の課徴金を課せられるが，今度は倍以上の2.25％（株式は4.5％）の課徴金となる案が提出されている。例えば50億円の株式発行の場合であれば虚偽記載に対する課徴金は1億円であったものが2.25億円に倍以上の増加となる。またインサイダー取引の場合は買付価格（または売付価格）と重要事実公表日の翌日終値の差額とされているが，改正後は買付価格（または売付価格）と重要事実公表後2週間の最高値（最低値）の差額と重罰化される。

（2） 会社を苦悩に陥れる他の要素

★要点★
1　社員の会社への帰属意識の希薄化
2　社会正義派株主の増加傾向
3　外人株主の増加と要求内容が拡大
4　内部告発の活発化
5　M＆Aの活発化

第3章　株主代表訴訟と監査役の役割

① 会社への帰属意識の希薄化

　往時は終身雇用制度のゆえもあって社員の会社への帰属意識が強く見られたが，今日では雇用の流動化に加え人々の生活や仕事に対する価値観の変化もあって，会社に対する帰属意識は年を追って希薄化していく傾向にある。この意味は会社を何とか守りぬこうとする意識の希薄化でもあり，単に忠誠心の希薄化といった抽象的な内容ではなく，会社の生み出す製品等への愛着の希薄化でもあり同時に顧客へのサービスの希薄化にもつながるものである。そうはいっても社員も人の子であるから会社が社員一人一人に目を向けて大切にしていけば，それなりの会社への愛着心は生まれてくるものと思われるが，人の心は昔ほどウエットではないことも事実である。これからの時代は人の操縦が非常に難しい時代といえる。しかし一番大事なことはトップの人を見抜く力が優れていないと事ははじまらない。人の個性や力を洞察し本来の力を発揮させる能力こそが会社を成長させる原動力となる。同時に会社の人事部の社員管理の能力も重要な役割を担うことになるのである。

　働く人と働かない人，能力のある人とない人，これらを明確に峻別して人件費を効率よく管理できる能力が人事部に求められる。60歳定年などといった単純な物差しだけでは21世紀の人事管理はおぼつかない。一人一人の特性をしっかりと評価し把握できていないと無駄な人件費を多く使用し社内に不満が鬱積することになる。

② 社会正義派株主の増加

　最近は社会正義派の株主が増えてきたという。それは単に哲学の問題だけではないように思われる。つまりこの激烈な競争を会社が乗り切るには，会社が合法的で株主の満足を心掛けるようなまた社会と調和できるような経営を行ってもらわないと自らの株主としての地位も危うくなるからだともいえるのではないか。

　近代の企業はいわば市民権を得て存在可能な立場に置かれているように擬人化する向きもある。確かに昔と違い企業を取り巻く環境は決して企業を勝手に行動することを見過ごさない。したがって絶えず周りの市民や自然との調和を

考慮に入れて行動することが要請される。

投資する場合SRI（社会的責任投資）という考え方があり，企業の財務的評価の他に企業の果たしている社会的責任（CSR）を加味した評価をする。この場合社会的責任とは地域社会に貢献したり環境に投資をしたり社会の利益に貢献することを意味している。そしてSRIの評価の高い企業に投資をすれば投資の果実を多く得られるとするもので，実績をあげているといわれている。

社会正義派といえば何か青臭い理屈っぽいような印象を持ちやすいが，世の流れが間違いなく遵法，合理性，顧客の利益や正義といった大きな方向にあり企業もその大きな流れを理解して進むことが要請されているのである。

③ 外人株主の増加と要求内容の拡大

最近では外人株主が増加している。特に機関投資家の株主が増加している。彼らは投資効率の最大化が主目的であるから，非合理的な経営には猛反発する。時に経営者の交代議案等も提出する。外人株主の感覚や発言内容には日本人にない強烈なものがあるが，合理性の観点に立てば納得性の高いものが多い。ただ必ずしも長期的立場からは，疑問符をつけるような発言等も多くありすべてに賛意を表すわけにはいかない。しかし今や国際化の時代であるから外国株主に学ぶところは大いに学ぶべきである。

④ 内部告発の活発化

今や企業の問題点の発覚は99％が内部告発によるものと見られる。これはある意味では大変よいことであり，企業にとっては大変な問題でもある。最近の事件ではミートホープの食肉偽装事件や船場吉兆の食べ残し使い回し事件など，すべて内部告発によるとみられるものである。そもそも外からは分かるはずがないとの仮定を立てることが間違いのはじまりである。会社には少なくとも5％の不満人間がいるといわれている。それはどんなに社員のために最善を尽くしても，全員に満足を与えることは不可能であるから仕方のないことではある。

したがって何処から見られても大丈夫なようにガラス張りの経営を行うことである。無理を重ねて得た不当な利益は結局は会社内には残らない。それどこ

第3章 株主代表訴訟と監査役の役割

ろか会社が潰れてしまうのである。

　吉兆などは昨年10月福岡市の店舗でプリンの賞味期限付け替え事件で社長交代となったばかりで、まだ目を覚ましていないのが不思議でならない。信用の回復は容易ではない、その多くの会社は信用回復ができないまま閉店の憂き目を見ることになる。

　すべからくガラス張りの経営哲学を実践したいものである。

⑤　Ｍ＆Ａの活発化

　高度成長の時代は日本からアメリカへ出向き、盛んにＭ＆Ａを仕掛けたものである。ただその頃から心配していたのは土地や機械などの物は手に入れることができても、肝心の人やノウハウといったソフト面が欠落していたことである。いうまでもなく経営で最も重要なのは人である。そのようなわけで多くの進出企業は失敗してしまった。しかしこれは当然の帰結ともいえるのである。

　今日では中国やインド等がちょうど過去の日本のような立場で盛んに欧米に進出しＭ＆Ａを行っている。

　日本は今日ではＭ＆Ａを仕掛けられることが多くなってきた。会社法の改正で三角合併なども可能になり、外国籍の企業が日本の企業に対しＭ＆Ａを仕掛けやすい土壌ができたともいえる。

　相手が本当に立派な経営陣である場合にはむしろ歓迎されるべきであろうが、実際の中身は現経営陣より劣る場合もあるので日の高いうちからＭ＆Ａについてよく検討しておく必要がある。

　ブルドックソース事件では株主の支援や最高裁の判決もあって一応は事なきを得たが、彼らには事前の準備はなかった。会社法の施行規則127条に企業買収の対応策を事前に準備できる内容が定められており、事前準備の内容を株主総会で承認を得ている企業も出てきているが、そのことは重要である。この条項を株主総会にはかるときに現経営陣の保身のためではないのかとの疑問がよく出されるようだが、現経営陣が自信を持っているならば、堂々と自説を説明し敵対的Ｍ＆Ａに備えるべきであろう。

第2部 基本編

（3） 取締役等敗訴の増加傾向

★要点★
1　取締役等の過失責任化の影響
2　民事訴訟法が原告有利に改正された
3　弁護士が提訴の主体となる傾向

① 取締役等の過失責任化の影響

　旧商法の下では取締役は原則的には無過失責任を負うものとされていたので，取締役会の決議に賛成しただけで行為ありと見做されていた。したがって，取締役の責任軽減規定はこうした場合の救済措置と考えられた。

　しかし会社法では取締役等の責任は過失責任とされた（会423）。会社法下における取締役等の責任の追及事例はこれから出てくることになるが，無過失による損害賠償判決は基本的には姿を消すことになるであろうと推測される。であるとすれば，判決を下されるのは過失による場合ということになるから，その判決をベースに株主代表訴訟が起こされた場合には，取締役等の敗訴事例が従来に増して増加するのではないかと懸念するものである。

　過失または重過失による判決が下りた場合には賠償軽減規定も働かないであろうから，取締役等にとっては受難の時代に遭遇しているともいえ常に身辺のリスクには注意しておくことが重要である。

② 民事訴訟法の原告に有利な改正

　平成10年に72年ぶりといわれる民事訴訟法の改正が行われたが，その主旨は民事裁判のスピード化と原告に有利なさまざまの改正であった。旧法では文書類の提出は原則として必要なく特定の場合だけ提出の対象とされていた。しかし改正法では原則すべての文書が提出命令の対象となったのである。加えて従来は裁判がスタートしてから原告が証拠収集がはじめられたが，改正法下では裁判所に訴訟手続を済ませると，裁判がはじめられなくても立証の準備のために被告側に必要事項を書面で回答させることができる等ほとんどすべてが原告側に有利な改正となった。

第3章 株主代表訴訟と監査役の役割

このような背景もあって，経営判断の原則で訴訟が起こされた場合には取締役等は従来より敗訴事例が増加するであろうといわれている。違法行為等は普段から気をつけるとして，経営判断の材料となる資料の整理保管には十分に気をつけるようにしたい。

③ 訴訟に弁護士が主体となる傾向

前に述べたように弁護士が積極的に訴訟の主体となる傾向が少しずつ増加してきている。アメリカでは勝訴すると弁護士は成功報酬として賠償額の30％程度をもらうということである。例えば賠償額が30億円であれば9億円の成功報酬をもらうことができる。

したがって，弁護士が顔色を変えて訴訟案件を物色するのも頷けようというものである。こうした影響は時間差を経てわが国にもやってくる。このように考えると，これから株主代表訴訟に限らず訴訟はますます増えてこよう。企業はコンプライアンス（遵法）のガードを強化していく必要に迫られることになってこよう。

（4） 蛇の目ミシン，ダスキン判決の賠償高額化

★要点★
1　ダスキンの無認可添加物の肉まん販売事件
　・取締役の忠実義務違反，善管注意義務違反
　・食品衛生法違反
2　蛇の目ミシン工業の特定株主の恐喝事件
　・取締役の忠実義務違反，善管注意義務違反
　・株主の権利行使に関する利益供与

① ダスキン事件の概要

ミスタードーナツが無許可の添加物（酸化防止剤ＴＢＨＱ）の混入した中国製肉まんを運営会社であるダスキンを通じて販売していたが，平成12年（2000年）に担当役員2名はその事実を知った。しかし販売の継続を指示していた。その

後積極的な事実の公表はなく，世間に無許可添加物の事実が知れて著しく信用を失墜し，会社に106億円の損害を与えたとして株主が，ダスキンの取締役等（監査役を含む）13人に対し損害賠償を求める訴訟を2003年に起こした。

大阪地裁は担当役員2名に106億円の支払命令を出し，他の役員1人に5.3億円の支払命令を下した。しかし残りの10名に対する賠償は退けた。続く大阪高裁に対する控訴審判決は販売中止をしても販売の減少は避けられなかったとして，2006年6月に担当役員2名には53億円の賠償額と算定し，他の11名の役員も損害を最小に止める対策を講じなかったとして53億円のうち1人2.1億円から5.5億円の支払を命じた。具体的には元社長に5.2億円，元専務に5.5億円，その他8名の取締役と1名の監査役に各2.1億円の支払いを命じたのである。その後最高裁へ上告されたが，最高裁は2008年2月に経営陣，株主双方の上告を棄却した。これにより大阪高裁の判決が確定した。

② ダスキン判決の意義

この判決は第一に今まで見たことない高額の判決であるところに特徴がある。そして不祥事を知って手を打たなかったことが最大の忠実義務違反となったと思われる。見て見ぬふりをしたり，黙認した場合も同様に責められることになる。取締役，監査役の最大の義務は，違反事項が発生し特に重大な損害を会社に与える可能性の推定される事項に関しては，全力を尽くして阻止するとか改善するとかして，会社の損害を最小限にくい止めることにある。目玉が飛び出すような判決を受けてから後悔してもはじまらないのである。今回の判決でもう1つの特徴は監査役が役員と一緒になって公表しないという決定に加担した点を問われ，監査役個人に2.1億円の支払を命じたことである。

監査役でこれほど高額な判決が下ったことは未だかつてないことであり，今後に及ぼされる影響は非常に大きい。

③ 蛇の目ミシン工業事件の概要

光進および個人の名義で大量に株式を保有するに至った小谷元代表は，平成元年株式が暴力団関係者へ売却済である旨を信じさせ，買戻しのために300億円を用立てるようにと取締役等を脅迫した。その結果同年8月には光進に対し

第3章　株主代表訴訟と監査役の役割

て300億円が迂回融資された。その後も光進は自分のファイナンス会社の966億円の債務の肩代わりを強要し，平成2年に蛇の目の関連会社2社に債務の肩代わりをさせている。株主はこれを知り，債務肩代わり等により会社に612億円の損害を与えたとして，役員5人を相手取り株主代表訴訟を起こした。

　原審および東京高裁は取締役5名は脅迫にやむを得ず応じたもので過失はなかったとして請求を棄却したが，最高裁による上告審では，取締役は警察に届ける等の適切な措置が講じられるべきであったとして取締役5名の責任を認めた上で賠償額算定のため審理を東京高裁に差し戻した。これを受けて平成20年(2008)4月東京高裁は元社長ら5人の取締役に焦げつき等で1,125億円の損害が出ており損害補填を差し引き583億円を実損額と算定して賠償を命じた。

④　蛇の目ミシン工業判決の意義

　蛇の目ミシン工業判決もダスキンに続いて高額の判決となったが，一説によるとダスキンの最高裁判決の影響を大きく受けているということである。もちろん経営陣の不始末ではあるが，あまりにも高額の判決が続くと，取締役の引き受け手がいなくなるのではないかと懸念されるのである。仮に暴力団の圧力に屈してはならないという社会正義を振りかざしても，一方でこうした存在がある限りいつでも脅迫にさらされる心配はつきない。果たして取締役は命を賭して職務を執行すべき立場といえるのだろうか。もしも圧力に屈したときは死刑と同じくらいの賠償命令を下す。確かに正義は大事であるし最高裁の判決が正しいとは思うが，何か割り切れないものを感ずる部分がある。往時にS銀行の新任の支店長が総会屋を完全に締め出したところ，帰宅時に家の近くで何者かに射殺された事件があり，当時は大きな話題となった。いずれにしても会社の役員は重責であり，何とか知恵を絞って違法には従いつつ，八方が丸く収まるように工夫しなければならない。その腕のみせどころと考え職責を全うするしかないのかもしれない。

第2部　基　本　編

（5）　経営判断の原則と資料整備の必要性

★要点★
経営判断の原則
1　法令定款に違反していないか
2　私利のための行為ではないか
3　合理的判断を導く資料が整っているか

① 経営判断の原則

　経営判断の原則はアメリカの慣習の中から生み出されたものであり，裁判官が民事事件とりわけ経済的訴訟に対して活用される判断基準である。裁判官は元来法律の専門家であって経済事象の正否等を判定する立場にはいない。そこで形式基準を案出したのである。

　まずは取締役の決議やこれに基づく行為等が法令定款に違反していないかを問い，次にその行為等が私利私欲のためのものであったか否かを問う。このいずれかに該当すれば当然に有罪性が問われることになる。仮にこれら2項目がクリアされた場合には，判断あるいは行為の基となる資料が整い存在しているかを問うものである。

　取締役の最初の判断が後に損失を会社に与える結果となった場合，裁判官としては当初の判断が結果から見て直ちに誤りであったということは難しい。そこで当初に十分な検討が加えられていた証跡が認められれば，当初の判断は合理的な結論を導くに十分と判定して取締役側の勝訴とするものである。

　昭和後期の福岡魚市場事件は融資や債務保証等を行った子会社が倒産し，その融資等により会社に与えた損害賠償を取締役に求めた株主代表訴訟事件であった。しかし取締役は，①積極的融資を行った場合，②消極的に融資を行わなかった場合，③専門家の意見と3つの角度から検討し，総合判断として融資に踏み切った。裁判官はこれらの慎重な検討過程を重視して当初の判断は正しかったものと認めた。結果は取締役側の勝訴となったのである。

② 合理的判断の基礎となる資料保管の重要性

　どのように慎重な検討した結果の投資等であっても，当初の基礎資料等が紛失してしまえば，裁判官を説得する資料がないわけであるから敗訴となる可能性が濃厚になる。資料を保存しているか紛失してしまったかで運命は180度変わってしまう。

　重要な基礎資料は代表訴訟の消滅時効である10年間は慎重に保管しておく必要がある。担当部署に任せておくと上司や担当者が入れ代わったりすると，時間とともに重要資料である認識が薄らぎやがて場所の移動等の際に処分されたり紛失したりしてしまう。

　そこで総務等の保管にふさわしい部署で総合的に一括して管理することをおすすめしたい。

　平成10年の民事訴訟法は原告側に有利な改正といわれており，経営判断の原則では今後は取締役側に不利に働くのではないかとみている人々がいる。

　資料の適切な保管はリスク管理の一環でもある。同時に民事訴訟法では裁判になると基本的にはすべての書類や文書が提出の対象となるので，普段から文書の作成および保管にあたっては，裁判になって提出命令が出たときに裁判所がみるということを念頭に置いておくとよい。

第4章
21世紀の監査役の役割

1 リスク管理のチェッカー機能

　21世紀を企業も監査役もともに生き抜くためには，企業が磐石の基盤を築いていく必要がある。しかしグローバル競争の時代を生き抜くことは容易なことではない。

　月並みではあるが総力を結集して Lowest Cost, Highest Quality を実現することが基本ではないかと思われるのである。そのために企業の環境を整えることが大事であって，企業が安全に前進していくには，半透明の土（仮想）の中に無数に埋められた法律という地雷を踏まないように，遵法の哲学と実践が大事になってくるのである。遵法は企業が生き残るための最低限の必要コストなのである。

　ただ一般の企業では十二分に遵法のコストをかけられない現状にあるから工夫が必要となる。リスク管理の考え方はまさにその工夫すべき対象であって，会社が倒産の憂き目にあうと考えられるようなリスクを侵してはならないのである。こうした重要なリスクに資源を重点配分することこそ，経営者のまず実行すべきことであり，監査役は一方の遵法の監視役としてリスク管理に立ち向かわなければならないのである。

　監査役が会社に対し啓蒙してほしいもう１つの重要なことは，外からは分からないであろうとか，絶対に知れるはずがないとの前提に立って違法行為や消

第2部 基本編

費者を欺くような行為をしてはならないということである。どれだけ多くの有名な企業がこのような分からないはずという愚かな考え方で会社と自分と従業員の生活を絶つ結果となったことか。こうした結果になるのは経営者が基本的には愚かであるためであるが，監査役もその一翼を担っているのであって何とか中止ないし改善に導けなかったものか悔やまれるのである。

　監査役は単に違法というだけでなく，会社の命運を分ける恐れある事項に対しては積極的に助言，勧告等を行っていくべきと考えられるのである。特にその会社特有の重大なリスクに関しては当面の重要課題として監査役は大きな関心を持ち，会社の対応や進捗の具合にチェックを入れていくことが大事なことではないかと思料するものである。

2　内部統制整備のチェッカー機能

　内部統制は平成18年5月施行の新会社法に規定されて以来各社の関心が深まってきているが，うっかりすると細部に目が行き過ぎて肝心なポイントを見過ごす結果になる可能性がある。
　最近のJ－SOX法の各社の進め方を見ていると非常に細かくて全体の状況がつかみにくく，果たして有益な結果を生み出せるのか心配である。文書化なども細部にわたって規定していくと，見るだけでも大変で時間の経過とともに煩わしいものとしてあまり見なくなったり同時にメンテナンスもできなかったりしないかと心配をしている。
　仕事の細分化や精緻化は反対に焦点が見えにくくなったり，全体が見えにくくなったりする危険性があるので，内部統制をすすめていくには絶えずこれらの点に注意する必要がある。
　監査役としては内部統制の構築の段階からオブザーバーとして参画していき，後のチェックに備える必要がある。全然参画しないと内部統制の内容が理解できずチェックができないことになってしまうからである。

特に中小会社においては，大会社が指向し実践しているような大がかりなものを考える必要はないと思う。内部統制という言葉に惑わされずにその本質を考える必要があろう。内部統制の第一の必要性は，企業の不祥事それも企業の屋台骨を揺るがすような大事件を起さないことである。その仕組みを内部統制と捉えるならば，そう難しくはない。

こうした考え方は従来から行っていたことで，この際にもう一度再点検しておこうといった気楽な考え方で出発してはいかがであろうか。会社が逡巡しているならば，監査役が一役買って内部統制委員会等を自主的に発足させ，少しずつでも研究していくことでもよいのではなかろうか。リスク管理を内部統制の中心に据えて大きな企業不祥事を起こさない仕組みを考え実現させていけば，実効性が高くしかもコストのあまりかからない内部統制が実現し，第一段階では成功の部類に入るように思われるがいかがであろうか。

3　法制に見合った地位の確立

現状の監査役についていえば，会社側が監査役を見下していたり監査役の本質を理解していなかったりする場合が多くみられる。

前からいつもいっているように会社は監査役（司法）と株主総会（立法）と取締役（行政）の三権分立からなり，車に例えれば株主が運転手で取締役と監査役は車の両輪なのである。取締役の車輪が監査役の車輪よりも大きければ車は前へは進まない。この原理を十分に理解する必要がある。

監査役としてはことあるごとに，取締役に対して監査の役割や立場を理解してもらう努力を惜しんではならない。

ある会社の監査役は係長程度の報酬であると嘆いていたが，会社の理解は全くないと考えられる。

株主代表訴訟にでもなれば監査役も損害賠償のターゲットになる。最近の事件で監査役が億円単位の損害賠償判決が下されたケースがあったことはダスキ

ン等の事例で見たとおりである。デスクワークや外商などで汗を流すことが重要であって，監査役など大した仕事をしていない等と考えるとすれば，それは大きな認識不足である。

　監査役は大いにその立場を取締役側に理解を深めてもらい，地位に見合った報酬とまたその報酬に相応しい業務を行っていかなければならない。監査役に理解のない会社は不幸であるし，監査役もまた自らの立場を説得していびつな車の両輪にならないように努力しなければならない。

　監査役の独立性の確立は会社にとってかけがえのない防壁の確立でもある。会社法は監査役の独立性に期待し多くの権能を与えた。監査役はこれらの権利義務を十分に生かしてその立場を高揚させることができるか，21世紀はその試練の時なのである。

著者紹介

重泉　良徳（しげいずみ・よしのり）

昭和33年3月	横浜国立大学経済学部卒業
4月	日清製油株式会社入社
	総務部長，財務部長，取締役財務部長，常勤監査役を経て，
	元松本大学総合経営学部教授
	シダックス株式会社　常勤監査役
	元公認会計士第三次試験試験委員
	財団法人産業経理協会　監査業務研究会コーディネーター
	元みずほ総合研究所株式会社　監査役研究会コーディネーター
	財団法人企業財務制度研究会　元監事
主な著書	『倒産の兆候をみぬく決算書分析とその対策』中央経済社
	平成8年，平成10年再版
	『企業不祥事の防ぎ方』東洋経済新報社　平成10年
	『監査役監査のすすめ方』
	税務経理協会　平成12年，平成19年7訂版
	『中小会社・ベンチャー企業の監査役業務とQ＆A』
	税務経理協会　平成14年，平成19年4訂版
	『取締役・監査役のための会社法Q＆A』
	税務経理協会　平成17年
	『監査役のための内部統制の実務』　税務経理協会　平成19年

著者との契約により検印省略

平成20年8月1日　初版発行

中小会社の監査役監査基本モデル

著　者	重　泉　良　徳
発行者	大　坪　嘉　春
印刷所	税経印刷株式会社
製本所	株式会社　三森製本所

発行所　東京都新宿区下落合2丁目5番13号　株式会社　税務経理協会

郵便番号　161-0033　振替　00190-2-187408　電話（03）3953-3301（編集部）
　　　　　　　　　　FAX（03）3565-3391　　　（03）3953-3325（営業部）
URL http://www.zeikei.co.jp/
乱丁・落丁の場合はお取替えいたします。

© 重泉良徳　2008　　　　　　　　　　　　　　　Printed in Japan

本書を無断で複写複製（コピー）することは、著作権法上の例外を除き、禁じられています。本書をコピーされる場合は、事前に日本複写権センター（JRRC）の許諾を受けてください。
JRRC（http://www.jrrc.or.jp　eメール:info@jrrc.or.jp　電話:03-3401-2382）

ISBN978-4-419-05168-6　C2063